工学部ヒラノ教授の研究所わたりある記

今野浩
Hiroshi Konno

青土社

工学部ヒラノ教授の研究所わたりある記　目次

工学部ヒラノ教授の研究所わたりある記

1　大手町ビル七三六号室

一九六五年（昭和四〇年）四月一日の朝、私は東京駅丸の内北口の改札を駆け抜け、二ブロック先にある大手町ビルに向かって爆走した。地上九階、地下三階、東西二〇〇メートル、南北四〇メートルという戦艦大和のような「大手町ビルヂング」は、三菱地所が誇る〝東洋一〟の建造物である。

日本初の全館冷暖房完備のこのビルに入居しているのは、三菱地所や三菱原子力など三菱グループの企業が数社、丸紅や安宅産業などの大商社、そして大小さまざまな企業群である。私が採用された「電力中央研究所」の「大手町研究所」は、七階の西側半分を占めていた。

八時三〇分少し前にタイムカードを押し、七三六号室のドアを開けると、三木良平主任研究員が（今では幻の煙草になった）ゲルベゾルテをくゆらせながら新聞を読んでいた。

「おはようございます。なんとかぎりぎりで間に合いました」

「ぼくもたった今着いたところだ。道路が渋滞していたので、今日はいつもより時間がかかってしまった」

前年に開催された東京オリンピックのあとも、高速道路や地下鉄工事の影響で、東京の街は激しい交通渋滞が続いていた。

「三木先生はバス通勤ですか?」

「いや、今日はタクシー。すし詰め電車は御免蒙りたいし、入所式に遅れるわけにはいかないからね」

「お手数をおかけしてすみません」

「うちの始業時間は八時半だが、タイムカードはあまり気にしなくてもいいよ。研究員を時間で縛るのはよくない、というのが理事長の方針なんだ。実を言うと、ぼくはいつも九時半過ぎに出てくるんだ」

電力中央研究所(以下、電力中研)は、日本ではじめて週休二日制を取り入れた民間の研究機関である。しかも、七月から九月までの三カ月は、終業時間(五時半)より一時間早く退出してもいいことになっていた。知名度はイマイチだが、東京のど真ん中に立地していることと、時間管理が緩やかなことが、この研究所の魅力だった。

「入所式が始まるまで、新聞でも読んでいてくれたまえ。それから、ぼくのことを三木先生、と呼ぶのはやめてくれないかな」

「どうお呼びすればよろしいでしょうか？」

「三木さんでいいよ」

一九二三年生まれの三木さんは当年四一歳。身長一七五センチ、チャコールグレーの三つ揃いがよく似合うスリムな紳士である。この人は東京大学の電気工学科を出たあと、通産省傘下の「工業技術院・電気試験所」（後の「産業技術総合研究所」）で送電技術の研究に携わっていたが、数年後に原子力発電の研究に転進し、〝夢の原子炉〟と呼ばれる「高速増殖炉」の専門家として、「日本原子力学会」で重きをなしていた。

大商社の重役を務めた父親から、経堂にある邸宅とかなりの動産を受け継いだリッチマンで、朝はほとんど毎日タクシーで通勤しているという噂だった。経堂から大手町までは、直線距離で一五キロくらいあるから、少なくとも一〇〇〇円（当時）はかかる。どれだけの給料を貰っているかは知らないが、そのかなりの部分がタクシー代で消えているわけだ。

電力中研の母体になったのは、東京電力、関西電力など九つの電力会社の出資のもとで、一九五一年（昭和二六年）に設立された「電力技術研究所」である。名前から明らかなとおり、当初は技術的な課題だけを扱う研究所だったが、一九五八年に電力事業と社会・経済との関係を扱う「大手町研究所」、電力事業における情報処理技術を扱う「計算機室」、政府に対して様々な政策提言を行う「産業計画会議」を併設して、日本初の〝民間シンクタンク〟が誕生した。

理事長を務めるのは、戦後の電気事業再編の際のキーパーソンだった、〝電力の鬼〟こと松永安左エ門翁である。一八七五年（明治七年）生まれの松永翁は、このときすでに満九〇歳。所員の間では、「ここは翁の隠居所として作られた研究所だから、あの人が死んだあとは潰されるかもしれない」と囁かれていた。

明日死んでもおかしくない老人と運命を共にするのはいかがなものかと思ったが、「九〇歳の老人でも、平均余命は三年くらいあるんだよ。それにあの人は根性があるから、もう五年は生きるだろう。電力会社は、おじいちゃんが死んだあとも二～三年は手をつけないから、七～八年は大丈夫だ。それまでに実力をつけておけば、たとえ潰されてもどこか雇ってくれるところはあるさ」という（あとで詳しく紹介する）小野勝章先輩の言葉に納得する一方で、〝潰れる前に実力を蓄えておかなければならない〟と思うのだった。

入所式に集まったのは、大手町研究所と計算機室を統括する荒川専務理事、松永理事長の懐刀と呼ばれる井上秘書役、梅津技術研究所副所長、片岡人事部長、そして六人の新入所員およびその直属の上司である。私が所属する「原子力発電研究室」の室長である高橋実主任研究員は、関西電力に出張中のため、三木さんが代理出席することになっていた。

電力中研は、喜多見、我孫子、大手町、横須賀、赤城の五カ所に分散立地していて、喜多見の「技術研究所」では、土木、電気、機械など、電力事業に関わる基幹技術が、我孫子の「農電研究所」では、農業への電力利用や、温排水の環境への影響に関する研究が行われていた。また横須賀と赤城には、超高圧送電など、電力技術に関する実験施設があった。

一方大手町には、大手町研究所、産業計画会議、計算機室、そして本部事務局があった。一九七一年に営団地下鉄・千代田線が開通すると、我孫子、大手町、喜多見は直通電車で結ばれるのであるが、政官界に太いパイプを持つ松永理事長は、二〇年前の時点でこの計画の存在を知っていたのである。

研究員は総勢二百数十人で、その半数以上が喜多見、約三〇人が大手町、残りが我孫子勤務である。一九六五年当時、研究員は欠員が出たときに補充することになっていて、前年に一橋大学出身の今井賢一氏が母校に助教授として呼び戻されたため、空席になったポストに私がはめこまれたのである。

入所式で訓示を行うのは、元通産省・公益事業局長の荒川専務理事である。通産省エリートの天下り先としては、もっといいところがあったはずだが、電力中研を選んだのは、松永翁直々の頼みを断り切れなかったからだ、と言われていた。

三木さんによれば、荒川理事の待遇は電力会社の役員並みだという。電力事業は公益事業だから、給与は一般の大企業に比べれば落ちる。しかし、その代わりに潤沢な交際費、専任秘書、ベンツでの送り迎えなど、様々なフリンジ・ベネフィットがある。

荒川理事は年のころ六〇代はじめの小柄な老人で、元役人にしては腰が低く頭が柔らかいので、研究員の信望を集めているということだった。

「みなさん、入所おめでとう。本来であれば、松永理事長が訓辞を行うところでありますが、本日は体調がすぐれないということですので、わたくし荒川が代わりにご挨拶させて頂きます。

この研究所は、東京電力、関西電力など、九電力会社の総売上の〇・二%に相当する給付金をもとに運営されている民間の研究機関です。これから先、わが国の経済発展とともに、電力売上はますます増えるものと予想されます。それと連動して給付金も増えるでしょう。現在は総勢二〇〇人あまりの小さな組織ですが、これからどんどん大きくなって、研究領域も広がるはずです。（中略）

電力会社は、国民全体に奉仕する事業を行う公益企業です。その収入は、日本に住むすべての人から頂いたものです。したがってわれわれは、ひとり電力会社のためだけでなく、日本国民全体の役に立つ研究を目指すべきだと私は考えています。これは松永理事長のお考えでもあります。

最近アメリカでは、国や地方公共団体に助言を行う「シンクタンク」が注目を集めています。この研究所は、日本ではじめての「民間シンクタンク」と言うべきものです。諸君は、ぜひともすぐれた研究成果を挙げて、この研究所の名声を高めるよう頑張ってください」

この訓辞を聞いた私は、〝国民全体の役に立つ研究をやるのが目的であれば、大学と同じじゃないか。自分の好きな研究をやって、給料まで貰えるのであれば、博士課程に進んだ連中より恵まれている〟と考えた。

訓辞のあと、片岡人事部長が新入所員の中で最年長の私に答礼を促した。

「新入所員を代表して、大手町研究所の今野君に挨拶をお願いします」

「大手町研究所の原子力発電研究室に配属された今野です。東大応用物理学科の修士課程で、OR（オペレーションズ・リサーチ）と数値解析を勉強してきました。修士論文のテーマは、「楕円型偏微分方程式の数値解法」です。

大学とよく似た雰囲気の研究所に入れて頂くことができて、大変うれしく思っております。これから先、荒川理事のお言葉に従って、国民全体の役に立つ研究をやりたいと考えておりますので、よろしくご指導くださいますようお願いいたします」

引き続き五人の新人――すべて技術研究所に配属されることになっている電気、機械、土木などの学部卒エンジニア――が簡単な自己紹介を行ったあと、オレンジジュースで乾杯して入所式はお開きになった。

このあと片岡人事部長に伴われて、事務局と計算機室にあいさつ回りをして研究室に戻ったところで、三木さんのお説教が始まった。

「君の挨拶はちょっと問題だな。荒川理事は、国民全体のための研究という言葉を使ったが、ここは電力会社のお金で運営されている研究所だから、電力会社の役に立つ研究を優先してもらわないと困る」

「はい、分かりました」

「もう一つ言っておくと、ここは大学ではないのだから、学生時代の延長のような気分でやられては困るんだな」

「すみません。つい調子に乗ってしまいました。これから気をつけます」

電力技術研究所が設立された一九五一年当時、年間電力売上は一〇〇〇億円、給付金は年間二億円に過ぎなかった。ところが一四年後の一九六五年、電力売上は四〇〇〇億円、給付金は八億円に達した。売上の〇・二%というスキームを考案した松永翁は、昭和の曾呂利新左衛門と言うべき知恵者である。

〝これだけ沢山のお金を使っているからには、もっと電力会社の役に立つ研究をしてくれてもいいのではないか。技術研究所はよくやっているが、大手町研究所は給付金に見合う成果を挙げているとは言い難い。松永翁の存命中は目をつぶるとしても、松永後は抜本的な改革が必要ではないか〟。

設立一五年目にして、電力会社の経営陣の間では、このような意見が強まっていた。電力会社の意向は、理事（その大半は電力会社の役員と兼務）や電力会社出身の研究員を通して、所員全員に伝わる。この結果、研究所に対する忠誠心を持つ人たちの間では、松永理事長や荒川理事の方針について、懐疑的な見方が広がっていたのである。

しかし、忠誠心がない私にとって、理事長の方針はとても都合がいいものだった。なぜなら、〝自由な時間を利用して研究実績を積み、いずれどこかの大学に拾ってもらおう〟と考えていたからである。

中学生のころから、大学教授という職業に就きたいと思っていた青年にとって、ここは大学のポストを手に入れるまでの〝仮の棲家〟に過ぎなかったのである。

2　応用物理学科・数理工学コース

私が卒業した東大工学部の「応用物理学科・数理工学コース」は、教授二人、助教授二人、一学年の学生定員が八人という小さな所帯で、卒業生の半数が大学院に進学した。そしてその大半は、修士課程を出たあと国の研究機関や民間企業に就職した。

博士を育てても、しかるべき大学の助手（もしくは専任講師）のポストが見つかるとは限らない。国の研究機関も、歴史が浅い数理工学（数学的手法を用いて、工学上の諸問題を研究する学問）の博士を必要としているところは少ない。一方民間企業は、融通が利かない博士より、柔軟な修士課程出身者の方が使いやすいと考えている（これは、半世紀後の現在に至るまで変わっていない）。

このような状況の中で、私の指導教官である森口繁一教授は、〝博士課程に受け入れる学生は三年に一人までとする。その他の学生は、修士課程を出たあとは就職してもらう〟という方針を取っていた。

ところが実際には、〝三年に一人〟は建前に過ぎなかった。間もなく五〇歳になる森口教授が、それまでに博士課程に受け入れた学生は、たった一人だったのである。

これに対して同じ応用物理学科の中でも、定員一四人の「物理工学コース」と定員二八人の「計測工学コース」では、博士コース進学を希望する学生は、よほど出来が悪くなければ受け入れてもらうことができた。

脳みそだけが勝負の数理工学コースと違って、これらのコースでは実験が重要な役割を果たすので、教授たちは多くの〝手足〟を必要としていた。またこれらのコースで博士号を取った人には、大学をはじめとする研究機関のポストが用意されていた（博士コースに進んだ人の大半は、三年後にすんなり博士号を取り、一流の研究機関に採用された）。

ところが、数理工学コースの修士課程を出て大学に勤めた人たちは、なかなか博士号を取ることができなかった。教育負担と雑用が多いので、まとまった研究時間が取れなかったためである。

その上、学部卒業と同時に（助手ではなく）専任講師に採用された伝説的秀才・森口教授は、「大学の外に出た人が博士号を取るためには、五人の審査員すべてが唸るような成果を出す必要がある」と言っていたし、審査員の中には、森口教授と並ぶ天才・近藤一夫教授、森口教授以来二〇年ぶりの大秀才で、〝撃墜王〟として恐れられている伊理正夫助教授がいるから、ありきたりな博士論文を提出しても通してもらえない、と思われていたのである。

ところが、一九五〇年代末に始まった理工系大学の大拡充の過程で、電気、機械、土木、化学など、工学部の本流を名乗る分野では、大勢の博士が生み出されるようになった。そして七〇年代に入ると、一流大学の工学部では、博士号を持っていることが助教授に採用されるための必要条件になった。かくして、博士号がない大学勤めの研究者は、同僚の間で肩身が狭い思いをすることになるのである。

私は修士課程に入った時点で、博士課程に受け入れてもらえるのは三年に一人までだということを知っていた。しかも同期生には、森口教授お気に入りの大秀才がいる。この人がいる限り、決して博士課程に入れてもらえない。

その上、大学を出てすぐに結婚した私には、生まれたばかりの子供がいたから、生活費を稼がなくてはならない。就職先としては、電気試験所、電電公社など一握りの公的研究機関と、民間企業の研究部門しかない。

小学生のころより、マルクス・レーニン主義を信奉する母から、「会社というものは、資本家が庶民を搾取するために作った仕組みだ」と聞かされ続けてきた私は、東京のエリート中学校で資本家の息子たちと付き合って、母が言っていることは間違いだということが分かってからも、資本家の手足として働く気にはなれなかった。

〝自由な研究が保証される研究所に勤め、自分にあった研究テーマを見つけることができれば、三〇代半ばまでに博士号を取ることは不可能ではない。博士になれば、どこかの大学に潜りこめるだろう〟。

ところがアメリカには、空軍傘下の「ランド・コーポレーション」、アメリカ電信電話会社(AT&T)の「ベル研究所」、IBMの「ワトソン研究所」など、数理工学を取り扱っている非営利の研究所がいくつもあるのに対して、日本にはそのようなものはない。では民間企業に勤めた場合、博士号を取ることはできるだろうか。

博士課程に入った人が、〝中程度の〟論文を二編書けば博士号が取れるのに対して、修士課程を出たあと企業や研究機関に就職した人は、最低でも四～五編の論文を専門誌に発表した上で、〝審査員を唸らせる〟博士論文をまとめる必要がある。

企業勤めのエンジニアがこの条件をクリアするのは、まず不可能である。なぜなら彼らは、上司から与えられた細切れの仕事を、次から次へとこなさなくてはならないので、まとまった論文を書く暇はないからである。

一方、大学勤めの人はどうかと言えば、講義、ゼミ、卒研指導などの教育負担、種々雑多な会議、学外の仕事(学会運営、企業に対するサービスなど)が多いので、なかなか研究時間が取れない。

このようなわけで、数理工学コース、およびその前身である「応用数学科」の卒業生の中で、論文博士号を取得した人はまだ一人もいなかったのである（博士課程で博士号を取る人は課程博士、大学以外の機関に勤めながら、論文をまとめて博士号を取る人は論文博士と呼ばれている）。

私が電力中研の存在を知ったのは、修士課程に入って間もないころである。民間の研究機関でありながら、営利を目的としない組織なので、自由に研究させてもらえるという。ここに勤める八年先輩の小野勝章氏や、二年先輩の中村智治氏の話を聞くと、「計算機室」は文京区本郷にある東大の森口研究室が、千代田区大手町に引っ越したようなところだった。

はじめて〝森口教授の右腕〟と呼ばれる小野勝章先輩に出会ったのは、電力中研に就職する二年前に東京で開催された国際学会のときである。上等なツイード背広に身を包み、流暢な英語を話す〝白面の貴公子〟を一目見て、私はこの人のファンになった。

修士時代の小野氏は、森口教授が長期アメリカ研修に出かけることになったため、博士課程への進学を諦めて、この研究所に勤めることにしたという噂だった。もし博士課程に進んでいれば、すんなりと博士号を手に入れ、今ごろは同期生である伊理助教授同様、一流大学の助教授ポストに就いていていたのではなかろうか。

電力会社はそれぞれ自前の研究所を持っているから、緊急を要する研究はそこがやる。電力中研は、長期的将来を見通して、いずれは電力事業の役に立つ研究をやればいいという。ところが、電力会社の業務は多岐にわたるから、およそ研究と名のつくものであれば、いずれは何らかの形で電気事業の役に立つのである。

小野・中村両先輩は、「電力会社から依頼された研究よりも、〝いずれは電力事業の役に立つはずの研究テーマ〟（即ち大学院時代以来取り組んできたテーマ）に多くの時間を割いている」と言っていた。〝あの人たちは、自分の好きなテーマで研究業績を稼いで博士号を取り、機会を見て大学に転出するつもりではなかろうか〟。

修士課程の一年目が終わるころ、小野先輩からアルバイトの話が舞いこんだ。技術研究所の畑野正博士が導いた、〝地震の際に、アーチ・ダムが貯水池に貯められた水と連動して、どのように振動するか〟を表す偏微分方程式を、電子計算機を使って解く仕事である。

一カ月で終わろうが三カ月かかろうが、一〇万円のアルバイト代を出してくれるという。大卒技術者の初任給が二万円程度だった時代だから、これは破格の報酬である。もちろん、かなり面倒な仕事であることは分かっていた。しかし、修士論文のテーマである〝偏微分方程式の数値解法〟と直結する仕事だから、エンジン全開で取り組んだ。

これは私にとって、空前絶後のアルバイトだった。三カ月ほどでこの仕事を終え、一〇万円を頂戴した上に、畑野博士との共著論文が、「日本土木学会」の論文誌に掲載されたのである。また、計算手法の詳細を記したもう一つの論文も、斯界の権威たちが編集した『数値計算法 II』

（培風館、一九六七）という論文集に採録された。つまり私は修士課程在学中に、二編の〝レフェリー付き論文〟を書いたのである。

このアルバイトには、さらにおまけがついた。畑野博士に気に入られたおかげで、電力中研の計算機室から採用のお誘いがかかったのである。

このあと、私は目いっぱい努力して、自分としては十分納得できる修士論文を書いた。楕円型偏微分方程式の数値解法の改良を扱ったもので、従来の方法に比べて二倍速い解法を提案した論文である。

この論文をしかるべきジャーナルに投稿すれば、審査をパスする可能性はあった。ところがこの当時、このテーマを扱っている日本語のジャーナルは存在しなかった。海外にはいくつかあるが、そこに投稿するためには、数式入り英文論文をタイプしなくてはならない。その費用はA４一枚で二〇〇〇円、一〇枚なら二万円である。

しかも審査をパスするまでに、レフェリーの求めに応じて、何回も改訂を施さなければならない。そのたびに二万円かかるし、合格したときには数万円の掲載料を取られる。大卒初任給が二万円程度の時代だから、到底払うことはできない。

投稿をあきらめた私は、〝計算機室でこの研究を続けると同時に、畑野グループと協力して毎年一編の論文をまとめれば、研究所が潰れる前に博士号が取れるだろう〟と考えた。

ところが私が配属されたのは、当初の約束と違って、小野・中村両先輩が勤務する計算機室ではなく、大手町研究所の「原子力発電研究室」だった。

教養課程を終えたあと、応用物理学科の数理工学コースに進んだのは、工学部の本流である土木、機械、電気、化学のいずれにも向いていないことが分かったからである。また理学部に進んでも、数学、物理、化学の天才たちと互角に勝負できる見込みはない。学生時代の私は、いわば理工系帝国に紛れこんだ難民のような存在だった。

自分に向いていそうな研究は、数理工学コースの森口教授の専門である「数値解析」――従来の解析的手法では解けない偏微分方程式を、計算機を使って解くための研究――と、「オペレーションズ・リサーチ（OR）」――数理的手法を用いて、企業や社会の最適化問題を分析する研究――だけだった。

原子力工学は、土木、機械、電気、化学、物理をミックスした元祖・総合技術である。どれ一つを取っても向いていない男に、そのすべての知識が必要とされる複合技術の研究者が務まるわけがない。電力中研に入れてもらったのは、小野先輩と同じ計算機室に配属されることになっていたからである。

計算機室には、小野・中村両先輩以外にも、六人の〝計算機屋・数値解析屋・OR屋〟がいた。また技術研究所には、土木工学、電力工学の分野でわが国を代表する有力な研究者が揃っていた。彼らが書いた論文は、次々と（和文の）学会誌に掲載された。

あまりにも多くの論文が投稿されてくるので、予算制約がある土木学会からは、「電力中研の研究レポートには、土木学会誌に掲載された論文と同等の評価を与えるので、投稿を減らしてほしい」という要望があったそうだ。

彼らと共同研究を行えば、その成果を論文として発表することができる。実際、中村先輩は技術研究所や電力会社の研究員と共同研究を行い、コンスタントに論文を書いていた。もし計算機室に配属されていれば、私にも畑野博士とその仲間から共同研究のお誘いがあったはずだ。

大手町研究所には一五人の研究員がいたが、そのうちの六人が計量経済学、二人が電気料金制度、二人が原子力発電の経済性、一人が海外電気事業制度、一人が環境問題の専門家で、残りの三人は何が専門なのかよく分からない人だった。

技術研究所の研究者にとって大手町研究所は、〝どうでもいいこと〟をやっている人たちの集まりだった。このようなわけだから、私には共同研究のお誘いはかからなかった。かくして毎年一編以上の論文を書くという当初の計画は破綻した。

原子力発電研究室に配属されることを伝えられたとき、当然ながら私は小野先輩に苦情を言った。

「計算機室勤務というお話でしたが」

「すまん。手違いがあって、うちでは採用できないことになったんだ。そのうちコンバートするから、しばらく我慢してよ」

「でもぼくは、原子力のゲの字も知りません」

「大丈夫、大丈夫。あそこがやっているのは、原子力発電の〝経済性〟に関する研究だから、原子力技術については大体のことを知っていればいいんだ」

しかしその程度の知識では、原子力発電の経済性研究などやれるはずがない。実際、技術に詳しい三木さんや高橋室長ですら、やっていることと言えば、経済性に関する〝研究〟ではなく、単なる〝調査〟だった。

文系の世界、たとえば社会学や経営学の分野では、何らかのテーマについて体系的な調査を行えば、その報告書が研究論文として認められる。しかし理工系の分野では、調査は研究の前段階であって、研究論文とは認められない。

3　原子力発電研究室長

翌朝九時少し前に七三六号室に顔を出すと、事務補佐員の小暮さんが部屋の片づけをやっていた。高校を出てすぐにこの研究所に入所し、今年が三年目のかわいらしいお嬢さまである。大手町研究所に勤める五～六人の女性事務補佐員は、すべてコネ採用だといわれていた。仕事はあまりきつくないし、勤務先は都心の最先端ビルである。ここは良家の娘さんの就職穴場だった。研究補助職の女性の中には、研究員より優秀な人もいた。

新聞に目を通しているところに姿を現したのが、原子力発電研究室長の高橋実主任研究員である。この人は、三木さんより一〇歳ほど年上で、京都の第三高校時代に森口教授と主席を争ったという秀才である。

原子力発電研究室に所属することになったことを報告に伺ったとき、森口教授は怪訝な表情を見せた。

「小野君は、『数値解析に関する共同研究依頼が来ているので、それをやってもらうつもりだ』と言っていたのだがね」

「ぼくもそうだと思っていました」

「君と原子力発電の接点がどこにあるのかよく分からないが、高橋君はアイディアが豊富な人だから、しばらくなら付き合ってみてもいいだろう」

〝しばらくなら、とは、あまり長くは付き合わない方がいいということではなかろうか〟。

高橋室長については、京大の物理学科を出たという説と、東大の電気工学科を出たという二つの説があったが、両方とも正しいのかもしれない。この時代、京大を出たあと東大に入った人は、私が知るだけでも二人いた（徴兵逃れのためだという人もいた）。その一人である近藤次郎東大工学部教授（後の工学部長、文化勲章受章者）は、京大の数学科を卒業したあと、東大の航空学科に入り直している。

文系の場合はもっとすごい。大手町研究所には、京大文学部と東大法学部を同じ年に卒業した斎藤統なる人物がいた。戦後の混乱期には、このようなことも可能だったのである。

大学を出たあと、高橋室長がどこで何をしていたかは知らない。しかし、一九五七年に電力中研に勤務していたことは確かである。なぜなら、この年に就職した小野先輩は、「（森口教授と親しい）高橋室長のコネでこの研究所に入った」と言っていたからである（女性事務職員だけでなく、研究員の大半もコネ採用だった）。

原子力発電研究室に配属されることが決まった三月はじめ、私は小野先輩に伴われて高橋室長に挨拶に伺った。

「こんちわ。今野君を連れてきました。モリグッチャン（森口教授の愛称）のところの学生ですから、数学とコンピュータには強いはずですが、原子力のことは何も知らないので、ひとつお手柔らかにお願いします」

高橋室長は当年四九歳、背の高さは一七〇センチ強、体重は六五キロくらいだろうか。三木さん以上のヘビー・スモーカーである。第一印象は、〝頭の大きなヌーッとした煙突おじさん〟である。

「今のところ、君には特にやってもらいたいことはないので、しばらくはゆっくり勉強してください」

「はあ」

「三木君が何か手伝ってもらいたいことがあると言っていたが、研究者というものは、自分がやりたい研究をやるのが一番だから、君もやりたいことがあるなら、それをやるのがいいだろう」

「はあ」

小野先輩が「原稿の締め切りが迫っているので、これで失礼します。それじゃあ、密談が終わったら、ぼくのところに顔を出してちょうだいな」と言いおいて姿を消すと、高橋室長は書庫の中から一冊の本を取り出した。

「これは一〇年ほど前に出した本だが、名刺代わりに取っておいてください」

ペラペラ表紙の本のタイトルは、『日本復興の設計図』。自費出版されたと思しきこの本が出たのは一九五三年、私が中学校に入った年である。

「小野君から聞いたが、君は畑野君のところでいい仕事をしたそうだね」

「畑野先生が組み立てた理論の正しさを実証するために、計算機を回しただけです」

「どんな問題かね」

「地震が来たときに、アーチ・ダムの壁がどのように振動するかという問題です。畑野先生が導いた楕円型偏微分方程式の境界値問題を、差分近似手法で解いたところ、実際の振動と完全に一致する結果が得られたのです」

「なるほど。実はぼくも〝ノアの洪水〟の謎を解明する微分方程式を導いたんだが、君に頼めば解いてもらえるのかな」

「ノアの洪水って、もしかしてバベルの塔の話ですか？」

「そうそう」

「へえー。それって、どんな方程式ですか？」

「興味があるかネ。それでは近いうちに説明しよう」

ノアの洪水を知らない人はいないと思うが、念のために説明すれば、紀元前三〇〇〇年ころに起こった大洪水のときに、方舟に乗って助かった人たちに関する聖書に記された伝説である。

〝アイディアマンと呼ばれるだけあって、変わった人だなぁ〟。これがこの話を聞いたときの印象だった。

三〇分ほど雑談したあと計算機室に顔を出すと、小野先輩は原稿書きを中断して、大手町ビルの地下一階にある喫茶店「ルオー」に連れて行ってくれた。

「長かったね。何を話していたの」

「『日本復興の設計図』を頂戴しました。それから、ノアの方舟の話を聞かされました」

「その話は僕も聞いた。変わった人だよね。しかし悪い人じゃないから、しばらく適当に付き合ってみてよ」

「先輩。なるべく早く、ぼくを計算機室に移してください。森口先生は、『あの人はアイディアが豊富な人だから、しばらくなら付き合ってみてもいいだろう』と仰っていましたが、あまり長くお付き合いしたい人だとは思えません」

「それは分かる。しかし、計算機室には定員に空きがないので、しばらく待ってくださいな。それに、うちは今ごたごたしているので、あそこの方がいいかもしれない。高橋さんは、特にやってもらいたいことはないと言っているのだから、自分の好きな勉強をやっていればいいのさ」

「三木さんはそうでもない、ということでしたが」

「あの人はくそまじめだから、いろいろ言ってくる可能性はあるが、適当に付き合えばいいんだよ」

「そうですか」

大学の研究室に戻って『日本復興の設計図』をめくると、そこには日本の将来に関する〝すべての〟ことが書いてあった。技術のこと、経済のこと、政治のこと、社会のこと、そして人間のこと。

二〇〇ページ程度の本に、これだけ多くのことを詰めこむのは尋常でない。あの〝ヌーっとした〟頭の中には、巨大コンピュータ並みの知識が詰まっているのだ。なんでも知っているこの人のあだ名は、〝メモリー・ダンプのおじさん〟で決まりだ（メモリー・ダンプとは、計算機の記憶装置に詰まっている記録を、すべて紙の上に吐き出すことを指す専門用語である）。

話を入所式翌日の一九六五年四月二日に戻そう。ハイライトに火をつけた高橋室長は、ソファに腰かけて私を手招きした。

「昨日は「原子力産業会議」の依頼で、関西電力に出張していたので失礼した」

原子力産業会議（のちの「原子力産業協会」）は、わが国が原子力の平和利用に乗り出すにあたって、その教宣活動を行うために設立された社団法人である。

「これからよろしくお願いします」

「早速だが君に頼みたいことがあるんだ」

〝この前は、何もやってもらいたいことはない、と言っていたはずだが……〟。

「どのようなことでしょうか？」

「東京湾の入口に、浦賀水道という、狭くなっているところがあるのは知っているね」

「船の難所と言われているところですね」

「そうそう。東京湾には、毎日たくさんのタンカーが出入りしているが、タンカー同士が衝突して海に石油が流れ出したところに火がついたら、どのように燃え広がるか計算してもらえないかな」

「どんな方程式を解けばいいのでしょうか」

「それがよく分からないので、そこら辺りから始めてください。別に急がないので、暇なときにゆっくりやってください」

「はあ」

〝ノアの洪水ほどではないが、雲をつかむような話だ。どれくらいの油が流れ出すのか。それが海流でどのように広がるのか。どこに火がつくのか。風向きはどうか。条件次第で燃え方は違うだろう。ではこれらの条件を固定したとして、どのように定式化すればいいのか？　こういう複雑な問題は、実際に油を流して、火をつけてみるしかないのではないか？〟。

原子力発電研究室は、間口が四間、奥行きが六間ほどの広さで、左側奥の窓際が高橋室長の席、衝立をはさんでその隣が私の席、そして右側の壁沿いに三木さんと小暮さんの席、そして中央に小さな応接セットがある。

何もすることがないので、図書室を覗きに行くと、そこにはたくさんの洋書が並んでいた。数理工学コースの図書室にあった、ＯＲと数値解析関係の本はほとんどすべて揃っていた。小野先輩は、潤沢な図書予算があるので、手に入るものなら何でも買ってもらえると言っていた。

そこで私は、アメリカで出版されたばかりの、ダンツィクの『線形計画法とその拡張』、アイザックソン＝ケラーの『数値的方法の解析』、サミュエルソンの『経済分析の基礎』など、本格的な教科書を四〜五冊借り出した。本の裏についている貸し出しカードを見ると、借り出すのはどれも私が最初のようである。

部屋に戻って、早速ダンツィクの本を開いたが、六〇〇ページもある本を一人で読むのは大変だ。こういう本は、数人の仲間が担当を決めて順番に発表する〝輪読〟方式で読むのが最も効果的である。

そこで私は、二年先輩にあたる計算機室の中村氏に相談することにした。この人は、〝大豊作〟と言われた同期生の中でも一、二を争う秀才である。しかもタダの秀才ではない。日本フィルの首席フルート奏者・林リリ子女史に師事するフルートの腕前も、プロはだしだった。

大学時代に研究室の忘年会で、ドップラーの「ハンガリー田園幻想曲」を聴かされたあとの会話は忘れられない。

「この曲を覚えるのに、どのくらいの時間がかかりましたか」

「君はフェラーの本を読みましたか」

フェラーの本というのは、プリンストン大学数学科の大御所ウィリアム・フェラー教授が書いた『確率論入門とその応用』というテキストのことである。

「修士時代に、第一巻の三分の二くらい読みました」

「あの本を、はじめから終わりまで読む時間の二倍くらいかな」

〝三〇〇時間くらいか。それとも六〇〇時間か。もう少し分かりやすく言ってくれればいいのになぁ。天才は人を惑わすコマッタ生き物だ〟(この後もこの人には、煙に巻かれっぱなしだった)。

中村先輩によれば、同じビルの三階にある「三菱原子力」の若手研究者と、去年からウィルキンソンの『代数的固有値問題』という〝数値解析のバイブル〟を輪読しているという。まだ第二章に入ったばかりだというので、仲間に入れてもらうことにした。

三菱原子力には、世界最高速の「ＩＢＭ７０９０」という計算機が設置されていて、小野先輩より五つほど年上の菅波三郎なる伝説の天才が呼び集めたつわものたちが、この計算機で〝遊んで〟いた。

電力中研の計算機室には、自前の計算機がなかったので、三菱原子力の機械を時間借りしていた。そのようなわけで、畑野博士のダム壁振動問題を解くときに、三菱原子力に日参していたため、これらの人たちと親しくなったのである。

七三六号室に戻ったとき、高橋室長はソファで新聞を読んでいた。

「ずいぶん沢山借りてきたようだね。精々勉強していい報告書を書いてください」

「どのような報告書を書けばいいのでしょうか？」

「何でもいいよ。読むのはぼくだけだから」

「はあ」

「君は、谷崎の原稿料が一枚いくらか知っているかネ」

「谷崎潤一郎のことですか？」

「そうそう」

「五〇〇円くらいですか？」

「いやいや、もう一つ丸が多いんだよ。四〇〇字詰め原稿用紙一枚で五〇〇〇円」

「あんなエロ小説が、一枚五〇〇〇円ですか！」

「エロ小説だから五〇〇〇円なのさ」

「そういうことですか！」

「ところがね。ぼくの原稿料はその七倍なんだ」

「エーッ！」

「ぼくは毎年、年度末に三〇枚の報告書を書く。研究所に提出する報告書はそれだけだ。ぼくの年俸を三〇で割ると、一枚当たりざっと三万五〇〇〇円になるというわけさ」

〝なるほど。この人の年俸は一〇〇万円か〟。

「三木君は一〇枚だから、一枚七万円くらいかな。小野君は一枚も書かなかったそうだから、無限大だな。君の原稿料はいくらだろうね。わっはっはっは」

こう書くと、先輩諸氏は何もやらずに給料を貰っているように思われるかもしれないが、そうではない。高橋室長は「原子力産業会議」を舞台に、原子力発電推進の論陣を張る重要人物だし、三木さんは、原子力学会の「高速増殖炉専門委員会」の幹事として活躍していた。論文は書かなかったが、これらはいずれ電気事業の役に立つ仕事である。

一方、小野先輩は、森口教授の右腕として日科技連の「ＯＲ講習会」の講師を務める傍ら、『数学セミナー』『数理科学』などの雑誌に解説記事を書きまくっていた（これが電力会社の役に立つかどうかは、いささか疑問である）。もう一人の中村先輩は、技術研究所の土木部門や水理部門との共同研究と、自分の研究をうまくミックスしていた。

〝原子力発電の研究をやれば、電力会社のお役に立つことができる。しかし、自分がやりたい研究は、当面は電力会社の役に立ちそうもない。しばらくは原子力半分、自分の勉強半分で様子を見るしかないだろう。うまくすれば、中村先輩のように、両方をつなぐテーマが見つかるかもしれない……〟。

4 「大手町研究所」

遅刻しても給料に影響は出ないが、ボーナスが減らされる。しかし、毎日一時間以上遅刻する三木さんでも、減額されるのは夏・冬それぞれ一〇〇〇円程度だという。九時前にタイムカードを押せば、減らされても精々昼飯二回分だから、工学的には無視しても構わない数字である。

二万六〇〇〇円の月給の中には、家族手当、住宅手当、そして二四％の超過勤務手当が含まれていた。毎日三〇分以上遅刻して、定時に退出しているにもかかわらず、超過勤務手当を貰えるのはなぜか。

それは研究所を設立するときに、電力会社から移籍する人を募集するにあたって、それまでより給料が減ると希望者が集まらないので、電力会社従業員の超過勤務手当の平均値を一律上乗せすることにしたからである（まことにおいしい話である）。

ところが、電力会社から移籍した研究員の中には、待遇が悪いと不平を洩らす人がいた。「東電の社員は、こっそり支払われる様々な手当や、豪華な保養施設や運動施設、都心にあるタダ同然の社宅などの恩恵に浴している」と言うのである。

上を見ればきりがないが、好きなことをやらせてもらえるのだから、いやなこと、たとえばダム工事の現場監督をやらされる電力会社のエンジニアや、蒸気機関車の窯焚きをやらされる国鉄マンより少々待遇が悪くても不満はなかった。

数年後、〝研究員も電力会社の実務を知っておいた方がいい〟という新理事長の方針で、新入研究員全員が電力会社で研修を受けることになり、電柱登りをやらされたそうだ（くわばら、くわばら）。

また伊東にある「洗心荘」は、とても贅沢な保養所だった。松永翁の別荘を改装して作ったこの施設では、八畳と六畳の母屋、もしくは六畳二間の離れ（どちらも温泉つき）を、一家族が独占的に利用できるのである。宿泊費は、普通の旅館の三分の一程度で、地元で採れた魚のお刺身をはじめとするゴージャスな晩ご飯が出る。あらかじめ頼んでおくと、（実費で）お刺身の追加も可能である。

両親をこの施設に招待したとき、母は「あんなに素晴らしい宿ははじめてよ。また行きたいわ」という言葉を繰り返した。その後も二〜三回招待したが、今にして思えばこれが最後にして最高の親孝行だった（残念ながらこの施設は、松永翁が亡くなったあと間もなく廃止された）。

この二〇年後に、ある大銀行の保養所に招かれたとき、私は東京電力の保養所もこれと同じくらい豪華なのだろうと思った（実際にそうだったことを知るのは、東電福島第一原発事故のあと、週刊誌の暴露記事を読んだときである）。


大手町地区に勤める二ダースあまりの研究員は、三つのタイプに分かれる。設立されたときに、東京電力や中部電力から移籍（もしくは出向）した人（第一のタイプ）が三分の一、あちこちの研究機関から移籍した人（第二のタイプ）が三分の一、そして関係が深い大学（東大、一橋大、慶大、学習院大など）の有力教授の弟子（第三のタイプ）が三分の一という構成である。

大学を出たばかりの若者は、ヒラ研究員（大学で言えば助手）からスタートして、普通にやっていれば六〜七年で「研究担当」（講師相当）に昇進する。このあと普通にやっていれば、三〇代半ばに「主査研究員」（助教授相当）になる。多少の時間差はあっても、ここまでは誰もがところてん式に昇進する。

しかし、すべての人が「主任研究員」（教授相当）になれるわけではない。主任研究員になるためには、何らかの実績が必要である。

傑出した研究者は、定年後数年間、「理事待遇」として研究所に留まることができるが、これは高々二年に一人の狭き門である。研究者の定年は五七歳。現在の基準からすると、若すぎると思われるだろうが、この当時一般企業では五五歳定年のところが多かったし、日本人男性の平均寿命は六五歳程度だったから、妥当だったのではなかろうか。

英・独・仏語を操る「資料室長」の斎藤統主任研究員は、「電力会社から移籍したのは、研究には向かない人ばかりだ」と言っていたが、そのような人がいたのは事実である。

もっとも、研究機関から移籍した人たち、たとえば高橋主任研究員は年に三〇枚、三木主任研究員は一〇枚の報告書しか書かないのだから、スポンサー（電力会社）から見れば大きな違いがあるわけではない。

元東電の技術者で、〝教授〟のあだ名を持っていた四〇代半ばの本田主査研究員は、しばしば私の部屋にやってきて、誰もいないと見るや、「四色問題」や「巡回セールスマン問題」について話しこんでいった。どちらも問題自体は誰にでも分かるが、長い間誰も解くことができなかった数学上の〝超〟難問である。

「もう少しで解けそうなので、相談に乗ってほしい」と言うが、アマチュアごときに解けるはずがない。ところがこの人は本田四兄弟と呼ばれた秀才ファミリーの末弟で、数学パズルの世界では有名な人だという。

一〇年後の一九七六年に、イリノイ大学のアッペルとハーケンによって四色問題が解かれたときは、悲観した何人ものアマチュア研究者が自殺した（本田教授が自殺したという話は聞かない）。

もう一つの巡回セールスマン問題は、現在に至るまで未解決の超難問である。大学時代の後輩である天才・冨田信介氏は、二〇年間この問題に取り組んだが、結局解くことはできなかった（天才ではない私は、このような問題には近寄らなかった）。

このほかに、電力会社から移籍した人としては、石油資源に関する調査の専門家で、〝真左〟の山村主査研究員、海外諸国の電気料金の調査が専門の高木研究担当、そして事務主任の黒崎氏などがいた。

斎藤室長は、「彼らは研究所が設立されるときに、電力会社からはみ出してきた左翼活動家だ」と言っていたが、本田氏は組合活動の専門家、高木氏は組合活動と山登りの専門家といったほうがいい人だった。

第二のタイプ、すなわち電力会社以外から移籍した人の多くは、一匹狼的な研究者である。高橋室長と三木さんはこのグループの代表者であるが、博士号を持つ人は一人もいなかった。

戦中・戦後の混乱期に大学を出た人の多くは、博士課程で勉強するための経済的余裕がなかったし、昭和三〇年代に入るまでは、大学院で博士号を取る人は稀だった。旧制大学時代、そして新制に切り替わったあともしばらくの間、博士号は研究者のライフワーク的研究に対して与えられるものだったのである。

技術研究所に勤める研究者の多くは、恵まれた研究環境で毎年のように論文を発表する。六〜七編の論文を書いたところで、それらを博士論文の形にまとめて、大学時代の指導教官に提出すれば、三〇代半ばまでに博士号を取ることができる。

一方大手町研究所の場合、研究員に求められるのは研究ではなく調査である。原子力発電について言えば、海外における研究開発状況を調査して、それをレポートにまとめるのが主要な任務である。

ところが理工系の分野では、オリジナリティがある技術的知見が含まれていなければ、論文とは認められない。高橋室長や三木さんは、その気になれば論文も書けたはずだが、調査に時間を取られて研究には手が回らなかった。

一九六〇年代に入ると、理工系ブームの影響で、国立大学の理工学部の定員は一〇年を経ずして二倍に膨らんだ。大学院の定員も二倍に増え、博士が大量に生み出されるようになった。とうの昔に研究者を廃業して、原子力発電プロモーターに転身した高橋室長と違って、研究者志向の三木さんは、このあたりで博士号を取っておかないと、将来厄介なことになるということが分かっていたはずだ。

一流大学の理工学部は、博士号がない研究者を採用してくれない。博士号がない人は、博士課程の学生を指導する資格がないので、戦力にならないからである。しかし、(大学では教授に相当する）主任研究員であるからには、レベルが低い博士論文を書けば沽券に関わる。

また博士論文をまとめたとしても、審査制度がある専門誌に五編以上の論文を発表していなければ門前払いになる。論文を書いた経験が乏しい人が、短期間に五編の論文を書くのは容易でない。そうこうするうちに時は流れ、三木さんは博士号を取る機会を失ってしまった。

第三のタイプは、学部や修士課程を出たあと、すぐにこの研究所に就職した若手研究者である。その内訳は、ずっとこの研究所で過ごそうと思っている人が三分の一、当面はここで時間稼ぎをして、機会があれば大学に移籍しようと狙っている人が三分の二である。

私が入所して一〇年ほどしたころ、電力中研の職員組合が実施した調査によれば、〝研究員の多くは現在の研究生活に満足しているが、なるべく早く大学に転出したいと考えている〟という。その理由は明らかである。

この研究所にずっと勤めたとして、行きつく先は主任研究員である。教授相当ということになっているが、学界での評価は助教授並みである。ところが五〇代に入ると、理工系研究者の研究能力は落ちる一方である。これに対して大学教授は、（研究費を獲得することができれば）誰の指図も受けずに、自分の好きな研究に励むことができるし、独創性の衰えを学生にカバーしてもらうこともできる。つまりある年齢から先は、この研究所に留まるより、大学に転出した方が研究者としては有利なのである。

事務的手腕がある人は、研究職から事務・管理職に転向することも可能である（たとえば後に紹介する佐々木氏は、〝よろずトラブル処理係〟である総務部長として、事務手腕をふるった）。しかし、研究者として一流を目指す人から見ると、事務職への転向はドロップアウトの印象を免れない。

年度末に、高橋室長と三木さんの中間の枚数にあたる、二〇枚のレポートを書こうと決心した私は、自分がやりたいことを半分に抑え、残りの半分を〝原子力発電の経済性研究〟に充てることにした。そのためには、原子力発電と経済学を勉強しなくてはならない。

当時の大手町研究所の目玉商品は、一橋大出身の今井賢一氏、矢沢昭氏、慶應大出身の西田義夫氏らが、内田忠夫教授（東大）ら、大物計量経済学者のアドバイスを受けて開発した、日本経済の将来を予測するための「電力中研モデル」だった。

予測結果は、経企庁の予測結果と並んで日本経済新聞に取り上げられた。電力需要は経済成長と連動しているので、電力需要予測に直結する研究として、（あまりあてにならないと揶揄されながらも）電力会社から一定の評価を受けていた。電力会社の間で〝大手町研究所不要論〟が拡大せずに済んだのは、このモデルと日経新聞のおかげである。

今井氏が後に一橋大の看板教授になったことや、矢沢氏がＯＥＣＤ（経済協力開発機構）本部に、上級研究員として招かれたことが示すとおり、この研究所は優秀な計量経済学者を抱えていた。

修士課程一年のときに、工学部と経済学部が合同で運営している「統計学輪講」で一年間経済学者（エコノミスト）とお付き合いした私は、エコノミストはエンジニアとは全く異なる人種であることを知った。

どう違うのか書き出したらきりがないので、ここでは省略することにして、このときの経験から、私はなるべくエコノミストとは付き合わないことにしてきた。ところが高橋室長の斡旋で、私はエコノミストたちの「マクロ経済学勉強会」に送りこまれた。

マクロ経済学については、学生時代に少しばかり齧ったことがあるが、よく分からないので早々とリタイアした。そう言えば、バートランド・ラッセル大先生（マックス・プランク先生だったかもしれない）も、「（マクロ）経済学は難しくて分からない」とおっしゃったそうだ。

また私がエコノミストに対して警戒感を抱いているのと同様、エコノミストもエンジニアを警戒していた。招かれざる客のようだったので、二〜三回で見切りをつけ、〝ミクロ経済学のバイブル〟と呼ばれているサミュエルソンの『経済分析の基礎』を独習することにした。

マクロ経済学者はこの本を超難解だと言っていたが、数理工学コース出身の私にとっては、それほど難しい本ではなかった。ちなみに、数理科学界の帝王フォン・ノイマン先生は、この本を「一九世紀の遺物だ」と宣ったとやら……。

一方の原子力については、三木さんのご意見を伺うのが一番である。

「原子力発電を勉強するには、どんな教科書を読めばいいでしょうか」

「ぼくはそのようなものは知らないが、しばらく前に大山君が教科書を書くと言っていたから、もう出ているかもしれない。彼が書いた本なら間違いないだろう」

この当時、東大、京大などの有力大学には、次々と「原子力工学科」が設立されていた。しかし、そこの教授たちは電気、化学、機械、物理から転進した人の集まりで、まだ原子力工学全体に関する教科書を書く人はいなかった。

「大山君というのは、東大の大山彰先生のことでしょうか」

「うん。彼は大学でぼくと同期なんだ」

電気工学科出身の大山教授（大山松次郎東大電気工学科教授の御曹司で、のちの原子力委員）は、応用化学出身の向坊隆教授（のちの東大総長）と並ぶ、東大原子力工学科の看板教授である。

「教科書はともかく、あちこちで講習会が開かれているから、それに参加してみてはどうかね。講習料は研究所に出させればいい」

大山教授の教科書はまだ出ていなかったので、北の丸公園にある「科学技術館」で開かれる「原子力工学・六カ月コース」に参加することにした。陽の当たる分野だけあって、三〇人を収容する会場は満席だった。

講習を受けているのは、電力会社や電機メーカーの技術者で、年齢は二〇代から四〇代まで様々である。おそらくこれらの人は、これから先ずっと原子力の世界で仕事をするつもりなのだろう（私より年長の人たちは、二〇世紀中にリタイアしたはずだが、若い人は二〇一一年の東電福島原発事故で、針のむしろに座らされたのではなかろうか）。

朝九時から九〇分講義が二コマ、昼休みをはさんで一三時からもう二コマ。これが月曜から金曜まで、隔週で六カ月間続く。講義の内容は、物理、化学、電機、機械、土木にまたがる広範なもので、テーマごとに分厚いテキストが配られた。

各分野の一流研究者・技術者が、入れ替わり立ち替わり蘊蓄を傾けてレクチャーする。一人の講師は高々六コマで交代だが、聞いているのは同じ人間である。

最初の一カ月は、土地勘がある物理と化学の話だった。しかし、二カ月目に入って原子炉の図面が出てきたあたりから、頭にロックがかかった。脳みそが、〝この話は聞いても分からない〟と言っているのだ。

私は少年時代から図画工作が苦手だった。それにもかかわらず東大の理科一類を受験したのは、理学部に進学しようと思ったからである。ところが、数学や物理に驚異的な能力を持つ〝お化け〟たちと出会って、理学部に進んでも絶対に芽が出ないことが分かった。

そこで工学部に進学することに決めたのだが、教養課程の「図学」という必修科目で不可を食らった。追試を受けて単位にありついたものの、機械の図面を見るたびに、あのときのトラウマが蘇るのである。

そのようなわけで、隔週五日で半年間、合計六〇日に及ぶ講習会の半分くらいしか聞いていなかった。半分しか聞かなければ、三分の一も分からない。講習会では出席を取る。サボれば研究所に通報されるので、出るだけは出ていたが、これは一生で最も辛い講習会だった。

ところが終了証明書を貰ったおかげで、私は原子力技術について、ひととおりのことは知っているはずだ、と思われてしまうのである。

講習会がない週には、ひたすらサミュエルソンやウィルキンソンのテキストを読んでいた。

二人の上司は出張が多かった上に、出張がないときも、あちこちの研究会の委員や講習会の講師で忙しかったので、一度外出するとその日は戻ってこなかった。全くキャラクターが異なる二人の研究員は、なるべく顔を合わせないように、スケジュールを調整していたのかもしれない。

一年以上一緒に過ごしたのに、高橋室長や三木さんとランチをご一緒したことは一度もないし、飲み屋に誘ってもらったこともない。高橋室長は弁当持参だったし、資産家でスノッブな三木氏は、パレスホテルや丸の内ホテルで昼食を取っていた。

経済系の人はエンジニアを煙たがっていたし、計算機室の若手研究者は仕出し弁当を食べていたので、私は一人で研究所から支給される食券で、地下食堂の低価格弁当を食べた。また食券がなくなると、九階にある丸紅の社員食堂に潜りこんで、低価格・豪華ランチのご相伴にあずかった。

安宅産業（このあと間もなく伊藤忠に吸収された総合商社）の食堂は、もっと豪華だということだったが、ここは社員証を呈示しなければ入れてもらえなかった。

三木さんは翌年はじめに、高速増殖炉の調査のために新設された財団法人に出向した。この結果、七三六号室はますます〝すかすか〟で静かな部屋になった。

ところがその後まもなく、東京電力から不可思議な人物が天下ってきたため、突如騒がしい空間に変わったのである。

5　駆け出し研究員の楽園生活

姓は木村、名は健太と名乗るこの人物は、仕立てのいい紺色の背広、臙脂のネクタイ、ピカピカの靴、そしてみごとな白髪で、これぞ東電ジェントルマンというおじさまだった。五五歳で定年退職したあと、嘱託研究員として電力中研に天下ってきたのである。

原子力発電研究室に配属されたということは、技術畑（多分電気工学）の出身だと思われるが、毎朝九時半過ぎに出勤して、日経、朝日、読売、毎日の四紙を隅から隅まで読む。そして一一時を回ると昼食に出かけて、一時前に戻るとまた新聞を読む。そして、午後は高橋室長と天下国家を論じ、室長がいないときは私に話しかけてくる。

「君はなぜこんな研究所に入ったの？」

「富士鉄に入社することが決まっていたのですが、計算機室の小野先輩から計算のアルバイトを頼まれてここに出入りしているうちに、入れてもらうことになりました」

「それはもったいないことをしましたね。富士鉄は給料がいいし、たくさん子会社を持っているから、定年後も食うに困らないからね」

「そうでしょうけど、ここは自由に研究ができますから」

「何を研究しているの」

「修士課程では、偏微分方程式の数値解法の研究をやっていましたが、いまは原子力と経済学の勉強をしています。まだ研修中なので、研究とは程遠いレベルですが、室長からは年度末に報告書を書くように言われていますので、何を書こうか思案しているところです」

「ぼくは、ただ座っていればいい、と言われたから来たんですよ。この歳になってから、原子力の研究をやれと言われても困っちゃいますよ。それに、二年したらクビになることが決まっているから、いまさら新しいことをやる気はしませんな」

〝こういう人を送りこんでくる東電も東電なら、受け入れた研究所もどうかしている〟と思ったが、電力会社の役に立つ研究ができそうもない私も、五十歩百歩である。

「東電の皆さんは、電力中研をどう思っているのでしょうか。たくさんお金を使っているわりには成果が挙がっていない、と言う人もいるそうですが」

「どうも思っていないでしょう。給付金は経費に上乗せして、電気料金にかぶせてしまえばいいんだから。このところ、通産省があれこれ口を挟むようになってきたが、十分手を打ってあるので大丈夫でしょう」

「どんな手ですか?」。〝役人の接待とか、天下りの受け入れということか〟。

「そのあたりは、いわく言い難いんだけど、電力会社にしてみれば、電力中研への給付金なんてどうでもいいレベルの話ですよ。黙っていても、お金はどんどん入ってくるんだから。電力会社のことなんか気にせずに、好きなことをやっていればいいんですよ」

電力料金は昔から「総括原価方式」が採られていた。電力会社は、発電に必要なあらゆる経費を発電原価に組み入れ、それに一定割合の利益を加算して電力料金を算出し、国の認可を受けていた。

電力事業は地域独占事業だから、競争相手はいない。経済成長に伴って電力需要は着実に伸びる。この当時の電力事業は、リスクなしで高収益が得られる〝とてもおいしい〟ビジネスだったのである。電力事業だけではない。発電プラント、送電線などを納入する重電機産業や金属産業も、鷹揚な電力会社のお蔭で、高収益をエンジョイしていた。

雑談を切り上げて、ウィルキンソンの本を読み始めたところに姿を現したのが、〝とうさん〟こと斎藤統資料室長である。この人は、トイレの入口に置いてあるような木のサンダル(いわゆるツッカケ)で、小田急線の伊勢原から東洋一の大手町ビルに通勤する坊主頭の奇人である。

年のころは四〇代半ば、京大文学部と東大法学部を同じ年に卒業したあと、東大社会学科の博士課程を中途退学して、電力中研に就職した変わり種である。大学で同期だった富永健一東大助教授（社会変動論で有名な社会学者）は、斎藤氏のことを〝一度破産した人だ〟と言っていたが、実はこの人は〝特攻隊の生き残り〟だった。

母から聞いたところによると、彼らは理由の如何を問わず、軍司令部によって臆病者、意気地なしと侮辱された上に、福岡にある営倉のような施設に軟禁され、戦争が終わるまで外部との接触を禁じられたという。

家族や友人は、生きて帰ったことを祝福しただろうが、とうさんはこのとき〝人間として倒産した〟可能性がある。常人離れした振舞いのルーツは、ここにあったのだ。

とうさんは（破産した）研究には手を出さず、英・独・仏語の力を生かして、海外の電気事業に関する文献を翻訳し、電力会社や関連団体に配布していた。

「ちょっと、ぼくの部屋まで来てくれないかな」

「はい」

「資料調査室」には、室長と二〇代後半の（妖艶な）アシスタントが一人いるだけだった。

「君は伊理さんの奥さんを知っているかい」

「溝尾由美さんですか」

溝尾女史は数理工学コースで私の六年先輩にあたる才媛である。

「そうそう。ぼくは白鴎高校で彼女を教えたことがあるんだよ」

「そうなんですか。世間は狭いですね」

「高校時代の彼女は、キェルケゴールに心酔する哲学少女でね。真っ暗な人だったので、伊理さんと結婚すると聞いたときはかなり驚いたね」

「小野さんからは、とても魅力的な人だと聞いていましたが……」

「それはともかく、君は〝もちろん〟ドイツ語は読めるよね」

「はい、(辞書があれば)何とか」

「それでは、これを翻訳してもらえないかな。西ドイツの原子力事情に関するレポートなんだが、技術的な記述が多いので、原子力に詳しい人に頼んだ方が安心だというわけさ。よろしくお願いします」

それは、西ドイツの「カールスルーエ高速増殖炉研究センター」の所長を務める、ウォルフ・ヘッフェレ教授が書いた解説論文だった。

「もちろん、タダ働きしてくれとは言わないよ。四〇〇字原稿用紙一枚につき二〇〇円、全部で一万円くらいにはなるだろう」

どのくらいの時間がかかるか見当もつかないが、月収の三分の一に相当するお金が入るのは、子持ち男にとってとてもありがたいことだった。

西ドイツは原子力発電を国策に掲げ、米、英、仏とともに、夢の原子炉と呼ばれる高速増殖炉開発の最先端を走っていた。したがって、ヘッフェレ論文の翻訳は、アルバイトというよりは本務と言ってもいい仕事だった。実際私は年度末に、この論文をもとにして、二〇枚のレポートを高橋室長に提出した（いわば月給の二重取りである）。

教養学部時代に履修したドイツ語は、あらかた忘れていた。しかし、辞書を引き引き一〇日ほどかけて訳し終えた。分からないところは三木さんに教えてもらったが、ヘッフェレという名前を聞いて、この人の目の色が変わった。

「ヘッフェレさんは、〝原子力界の帝王〟と呼ばれている人だよ。この人が書いたものならぼくも読みたいので、翻訳が終わったらコピーを貰えないかな」

ところがこれがきっかけで、私は高速増殖炉の世界に引っ張りこまれることになるのである。このあとも私は、しばしばとうさんからドイツ語文献の翻訳を頼まれた。内容は原子力、中でも高速増殖炉関係が多かったのは、電力会社でも関心が高まっていたためである。

翻訳のアルバイトは、実入りのいい副収入をもたらしただけではなかった。ここで勉強しなおしたドイツ語は、八年後にウィーンの「国際応用システム分析研究所」に出向した際に、大いに役立ったのである。

一つ翻訳が終わるたびに、とうさんは私を夜の歓楽街に連れて行ってくれた。五時半ちょうどに「店仕舞」して、タクシーで五反田のクラブに直行する。そして三〇分ほど飲んで、サッと引き上げる。ズボンのポケットから、無造作に一万円の札束を引っ張り出して支払いを済ませ、釣りの中から千円札二枚をホステスに渡すツッカケ男は、まるでヤーサンだった。

私が妻帯者で子供までいることを知らないとうさんは、なじみのホステスを斡旋してくれた。しかし、ヤーサンと義兄弟になると、面倒なことになりかねないので、逃げることにした。

とうさんには、これ以外にもあれこれお世話になった。文部省や農協の食堂に潜りこんで、豪華・低価格ランチをご馳走になったり、高島屋や三越の福袋を頂戴したり、伊勢原の自宅で豪華なすき焼きをご馳走になったりした。とうさんは私を年が離れた弟のようにかわいがってくれたが、それは溝尾さんという共通の知人がいたからかもしれない。

ここで、〝とうさん〟の天敵と呼ばれた、佐々木孝なる人物を紹介しよう。学習院大学経済学部出身のこの人は、松永理事長の懐刀と呼ばれる井上秘書役の側近である。年のころは四〇歳前後で、電力需要予測の専門家だということだったが、研究者というよりは、東宝映画の「社長シリーズ」で、森繁久彌が演じる重役の一の子分である小林桂樹課長を、少し太めにしたような人だった。

入所後しばらくして、私は佐々木氏から、井上秘書役の自宅で開かれる麻雀大会に誘われた。集まったのは、一橋、学習院、慶應などの経済学部を出た人たちである。普段は、ここに人事課長などの事務局員が加わるのだが、メンツが揃わなかったため、私が八人目として誘われたのである。

気心の知れない連中に付き合わされた青年は当惑した。一回限りならともかく、しばしば誘われたら厄介である。〝誘われないためにはどうすればいいか〟。彼らは頻繁に雀卓を囲む上級者である。上級者は初心者とプレーすることを好まない。妙なところで危険牌を捨てられると、ぶち壊しになるからだ。

私は教養課程時代に、人並みに麻雀をやった。月に二〜三回、一回につき半チャンを四回程度という意味である。〝底割れ〟学科（鉱山学科などの不人気学科のこと）に回された学生の中には、一年三六五日、朝から晩まで雀荘に入り浸っている猛者もいたから、この程度では人並みとは言えないかもしれないが、どういう局面でどういう牌を捨てれば危険か、ということくらいは知っていた。

そこで私は素人を装って、意図的に振りこむことにした。学生時代と違って、一〇〇〇点一〇〇円というサラリーマン・レートが適用されていたので、半チャン二回で月給の二割近くが吹き飛んだが、これ以後二度と誘われることはなかった。

佐々木氏は、帰りのタクシーの中で、〝とうさん〟に対する中傷の言葉を連発した。曰く、「あの男は全く協調性がないから、誰も彼のもとでは働きたがらない」（これはそのとおりだ）。曰く、

「あの男は研究室の女性事務員と結婚した」（だからどうした）。曰く、「あの男は電力会社から大金をせしめている」（翻訳のことを言っているのだろうが、これは単なるやっかみだ）。曰く、「あの男には他人に話せない過去がある」（これは特攻隊の生き残りのことを言っているのだろう）、エトセトラ、エトセトラ。

私がしばしば資料調査室に出入りしていることをかぎつけた佐々木氏が、自陣に取りこもうとしていることは明らかだった。東大グループの最長老である高橋室長は、間もなく定年を迎える。三木さんは、当分出向先から戻らない。木村氏は嘱託だから発言権はない。

一橋大グループとは、前々から話がついている。「計算機室」には、四人の東大グループがいるが、「大手町研究所」とは別組織だから、気にすることはない。つまり、新しく入った私を自陣に取りこむことができれば、学習院グループの地位は安泰だということである。

佐々木氏は、それまで私が付き合ってきた人たちとは、全く異なる人種だった。〝ことを構える気はないが、こういう人とは付かず離れずでやるしかない〟。私は佐々木氏の意図を十分理解したが、無視することにした。

私が入所した次の年、学習院大と名古屋大の修士課程を出た、〝稀に見るほど〟優秀だという触れこみの二人のエコノミストが採用された。そこで、サミュエルソンの『経済分析の基礎』の輪読に誘ってみたが、予想どおり断られた。

逆に誘われたのが、「ケインズ経済学」の教科書の輪読会である。一九六〇年代半ばと言えば、猫も杓子もケインズの時代だった。ケインズ経済学で必要になるのは、線形代数と統計学の初歩だけである。ところが数学は簡単でも、それを応用したケインズ流の経済政策については、よく分からないところが多かった。

たとえば、ケインズ学者は、「完全雇用を実現するために、政府は失業者に穴掘りをさせて賃金を支払い、それを埋めさせてまた賃金を払ってもいい」と主張する。

「そのようなことをやると、経世済民どころか傾国惰民になるのではないか」という私の疑問を、名古屋大氏は「それはケインズを知らない人の考えだ」と一蹴した。

客観九九％の科学・技術の世界と違って、マクロ経済学は客観三〇％・主観七〇％の世界なのである（この〝偏向した〟認識は、以後四〇年にわたって修正されることはなかった）。

そこで、経済学者とはほどほどに付き合うことにして、計算機室と三菱原子力の若手技術者との勉強会を重視した。はじめの二年間、週に一回のペースで、彼らとウィルキンソンの『代数的固有値問題』を輪講した。

また月に一回は小野先輩に誘われて、「慶應工学会」という団体が開催する「数理計画法研究会」に出席し、竹内啓教授（東大）、関根智明教授（慶大）、渡辺浩教授（東北大）など、日本を代表する研究者の講演と討論に耳を傾けた。話の内容は半分くらいしか分からなかったが、後にスタンフォード大学のＯＲ学科に留学した私は、この研究会での議論は国際水準に迫るものだったことに気がついた。

もう一つ付け加えよう。私は小野、中村両先輩とともに、毎年夏に開かれるＳＳＯＲ（ＯＲ夏季シンポジウム）に参加した。これは若手ＯＲ研究者の研修会兼親睦会で、東大、京大、慶大などの有力大学を出た四〜五〇人の研究者が集まった。

建前はＯＲに関する最新のテーマに関する研修を行うことだが、より重要なのは夜の親睦会である。ここでは全国から集まった秀才たちが、酒を飲みながら歓談するのだが、〝シンポジウム〟と名乗っているおかげで、研究所が旅費と参加費を全額負担してくれた上に、日当まで支払ってくれた。

こう書くと、ある程度まじめに勉強していたと思われるだろうが、実際のところは、勉強の密度は学生時代以上ではなかった。

原子力講習会では居眠りしていたし、研修がない日は朝九時前に出勤して、ダンツィクやサミュエルソンの本を読んだあと、一一時半には丸紅の社員食堂や農協ビルの食堂で昼食をとり、午後は週に二回ほど輪読会に顔を出し、二週に一回は丸善の洋書売り場をうろついて、三時過ぎに研究所に戻り、定刻に店仕舞した。

6　高速増殖炉専門委員会

出向したあと、ほとんど大手町ビルに姿を現さなかった三木さんから、ある日珍しく電話がかかってきた。

「しばらくご無沙汰したけど、うまくやっているかい」

「はあ、何とか」

「今日は君に頼みたいことがあるんだ」

「どのようなことでしょうか」

「原子力学会の「高速増殖炉専門委員会」の仕事を手伝ってもらえないかな」

「専門委員会といえば、その道のプロたちの集まりですよね。ぼくのような素人には務まりませんよ」

「高速増殖炉の研究は、まだ始まったばかりだから、専門委員とは言ってもみんな素人のようなものなんだ。委員の中には大学院生もいるくらいだから、原子力講習を受けた君なら十分に務まるよ」

「どうでしょうか」

「この間君から貰ったヘッフェレさんのレポートにも書いてあったとおり、西ドイツは国を挙げて増殖炉の研究をやっている。フランスもイギリスも本腰を入れている。もちろんアメリカもね。今のぼくは君の上司ではないから、命令する権限はないけれど、高橋さんの了解は貰ってあるので、試しに一度委員会に出てもらえないかな。どうしてもいやだったら、そのとき断ってくれてもいいから頼みますよ」

〝一度出て見ていやなら、そのときに断ってもいい〟というのは、エンジニアが（いやがる）人に仕事を頼むときの常套句である。出てこなければ脈がないから諦める。しかし、出てきたら全くノーということではないはずだから、仲間たちと誠心誠意頼めば引き受けてもらえるだろう――。これが、エンジニア・コミュニティのカルチャーである。ところが経験が乏しい私には、このカルチャーが十分身についていなかったのである。

一月末に有楽町の東電本社で開かれた専門委員会に出席した私は、委員名簿に記された私の名前の上に、「書記」という文字が記載されているのを見て、〝はめられた〟ことに気がついた。書記の任務は、会議における討論をもとにして議事録を作ることである。毎回出席して、議論の内容をきちんと理解しておかなければ、議事録を作ることはできない。〝素人にこんな仕事を振るなんてひどい話だ。しかし、ここまで段取りができているのに断れば、三木幹事の顔を潰すことになる〟。

幸い書記は一人だけではなかった。前年から書記を務めている東大・原子力工学科の大学院生である近藤駿介氏と、二人一組でやってくれというのである。一年目は近藤氏の補佐役として、見習い期間が終わった二年目、つまり来年四月から正式な書記を務めるということである。

委員長は、東大・原子力工学科の秋山守教授（機械工学）、委員は幹事役の三木良平氏を筆頭に、東海村の「日本原子力研究所」から、（原子力講習会の講師を務めた）能沢正雄主任研究員（核物理学）ほか一名。そのほか東京電力、関西電力、日本原子力発電（原電）、東芝、日立、三菱電機などから各一名。そして、東大の修士課程に在学中の近藤駿介氏、斎藤伸三氏の二人と、電力中研の私である。

議論をリードするのは、原子力研究所の能沢博士である。この人は、カールスルーエの「高速増殖炉研究センター」に留学して、ヘッフェレ教授のもとで研鑽を積んできた人である。

ヘッフェレ教授は、原子力発電の世界で最もよく名前を知られた人で、この人のもとで研究してきたというキャリアは、能沢博士の発言に重みを添えた。誰かがこの人の意見に異論をはさむと、「ヘッフェレ教授によれば、云々」という言葉でただちに撃退された。

一九六六年と言えば、原電の「東海原子力発電所」が稼働した年、そして（二〇一一年に事故を起こした）「東電福島第一原子力発電所」の建設が始まった年である。当時の原子力業界では、「ジェネラル・エレクトリック（GE）社」の沸騰水型軽水炉と、「ウェスティングハウス社」の加圧水型軽水炉が鎬を削っていた。

しかし、専門委員会の主要メンバーにとって、軽水炉はヘッフェレ教授が「一九八〇年代半ばまでには完成する」と断言している高速増殖炉までの、つなぎの技術に過ぎなかった。

軽水炉というのは、ウラニウム鉱石から抽出したウラン二三五を燃やして軽水（普通の水）を加熱し、その熱を使って発生させた水蒸気でタービンを回す原子炉である。ところが天然ウランの中に、ウラン二三五は〇・七％しか含まれていない。その上、低価格天然ウランの埋蔵量は限られているから、この発電方式は早晩行き詰まる。

一方、軽水炉の中で生成されたプルトニウムを抽出・精製し、その周囲にウラン二三八を装填した上でプルトニウムを燃やすと、燃やした分を上回る燃料が生産される。〝増殖炉〟と呼ばれるのはこのためである。

ウラン鉱石の中には、ウラン二三八がウラン二三五の一〇〇倍くらい含まれている。したがって、それをプルトニウムに変換して燃やし続けることによって、いくらでも電気を取り出すことができる。

また増殖炉は、二万四〇〇〇年という長い半減期をもつ放射性物質であるプルトニウムを燃やして（分解して）くれるので、最終処理しなくてはならない放射性物質の量を、大幅に減らすことができるのである。

軽水炉の最大の問題は、原子炉から出る放射性物質をどう処分するかである。増殖炉が存在しなければ、プルトニウムはどんどんたまる。軽水炉の中で、プルトニウムをウランに混ぜて燃やす「プルサーマル」方式もあるが、増殖炉に比べると効率が悪い。

毒性が高く半減期が長い放射性物質を、長期にわたって保管するのは大変である。ところが増殖炉が完成すれば、この問題も大幅に軽減されるのである。増殖炉が〝夢の原子炉〟と呼ばれる所以である。

ところが、増殖炉でプルトニウムを燃やす際には、ウラン二三五よりはるかに高いエネルギーを持った、高速中性子が飛び出してくる。そこで冷却材として、軽水より熱伝導率が高い物質を使う必要が生じる。ここで候補になったのが、熱伝導率が高いナトリウムである。

原子力講習会で高速増殖炉に関するレクチャーを受けたとき、私は摂氏六〇〇度（！）の液体ナトリウムを冷却剤として使うと聞いて、ぞっとした。なぜなら、学生時代の化学実験の際に、ナトリウムを水の中に落としたところ、猛烈な煙を発して燃えたからである。

ナトリウムが水と反応すると、水酸化ナトリウムと水素が発生する。ナトリウムが流れる配管のそばには、軽水を運ぶ配管が通っているから、ナトリウムが漏れ出したら大爆発を起こすかもしれない。

素人は怖いと思っても、玄人たちはそれほど心配する必要はないと言う。〝一流の専門家が大丈夫だと言うからには、大丈夫なのだろう――〟。「工学部の教え・七カ条」（『工学部ヒラノ教授』新潮文庫、二〇一三）にあるとおり、エンジニアは互いに専門家の意見を尊重する生き物なのである。

一流エンジニアを尊敬する二流エンジニアは、次第に高速増殖炉の安全性を信じるようになった。米、英、仏、西独の諸国は、総力を挙げて高速増殖炉開発に取り組んでいるし、日本でも選り抜きの研究者が、本気で取り組んでいる。実際、専門委員会に集まるエンジニアは、新技術に命をかける優秀な人たちだった。

見るからに頭が良さそうな秋山教授。どのような質問に対しても、回答を用意している能沢博士。その能沢博士と対等にやり合っている三木さん。

東大の近藤駿介氏とその相棒である斎藤伸三氏が、原子力工学科に進学したのは、私が学部を卒業した一九六三年である。この年に、理科一類の学生の進学先で最も人気が高かったのが、この学科である。つまりこの二人は、東大工学部でもトップクラスの秀才だということである。

実際、近藤氏は後に東大原子力工学科教授を経て、閣僚級のポストである政府の「原子力委員会委員長」を務めているし、斎藤氏は「日本原子力研究所」の理事長を経て、政府の「原子力安全委員会」の副委員長という要職に就いた。

この二人を見ていて思ったのは、土木、機械、電気、化学、物理を組み合わせた複合技術である原子力工学の専門家を目指す人は、並みのエンジニアとは違う、ということである。スーパー・エンジニアたちと付き合うことになった私は、萎縮するばかりだった。

原子力学会の規約では、専門委員会のメンバーは、原子力学会の会員でなければならない。このため私は、原子力学会に入会せざるを得なくなった。波打ち際で水遊びする程度の軽い気持ちで委員会に出席した青年は、船に乗せられて、あれよ、あれよという間に沖に出てしまったのである。

〝スーパー・エンジニアが集まる原子力の世界で仕事をしたとして、はたしてひとかどの研究者になれるだろうか。答えは明らかにノーだ。来年一年間は仕方がないとして、大海の真ん中に出てしまったら大変だ。自分は自分にあった研究、すなわちＯＲや数値解析など、数理工学の世界に留まった方がいいのではなかろうか〟。しかし船は、もう引き返せないところまで来てしまった。

専門委員会に出ていて思ったことは、研究者は博士号があるかないかで、仲間たちの評価が違うということだった。同じことを言っても、博士号がない人の発言には重みがないのである。

三木さんは、秋山教授や能沢博士並みの実力がありながら、どこか小さくなっているような感じがした。

ついでに書いておくと、電力会社を代表して参加している技術者たちは、しぶしぶ出てきたという風情だった。彼らは、数年後に稼働を開始する軽水炉への対応で手一杯で、早くても二〇年後（一九八〇年代後半）にならなければ実用化されない高速増殖炉には関心が薄いのである（技術者にとっては、遠い将来に実現されるはずの技術より、今そこにある技術の方が大事である）。

東大の近藤、斎藤両氏は、修士課程を出たあとは博士課程に進むと言っていた。また大学時代の同期生で博士課程に進んだ人たちは、一年後には博士になる。〝それに比べて俺はどうだ。給料を貰っている以上仕方がないとはいうものの、原子力の海を当てもなく漂流しているだけだ〟。

専門委員会の書記役を押しつけられて間もなく、もう一つの書記役が降ってきた。電力中研労働組合の書記である。

電力中研の組合活動は、電力会社以上に盛んだった。組合の中心勢力は、電力会社から移籍した（放逐された？）左翼系の人たちと、彼らに感化された事務職員である。これに対して、大手町の経済系研究員は、井上秘書役や佐々木氏の意向をくんで、経営サイドについていた。

「大手町の研究者を組合に取りこめ」。技術研究所に勤める委員長の指示を受けた幹部が、気が弱そうな青年を口説いた。この誘いに乗ったのは、口説きに来たのが若手研究員の間でマドンナと呼ばれている、広報担当の松村女史だったからである。私と同年齢の独身女性は、マドンナと呼ばれるにふさわしい知的美人だった。

〝このように素敵な人の頼みを断ることはできない。それにこの仕事を引き受ければ、マドンナとお話しさせて頂く機会に恵まれる〟。不純な動機で組合員になった私は、その直後に書記を引き受ける羽目になった。

「大手町地区からも、役員を一人出さなくてはならないのですが、やれる人はもうやってしまいましたので、お願いできないでしょうか」。マドンナに頼まれれば断れない。この結果私は、毎月一回技術研究所で開かれる、組合委員会に出席することになった。

技術研究所は、多摩川べりの殺風景な場所・喜多見にあった。社会・経済関連の研究所は、社会・経済の中心地にあることが望ましいが、技術系の研究は僻地でも構わないという理由で、地価が安い場所が選ばれたのだ。

技術研究所は、広々とした敷地の上に建てられていたが、その周辺にはレストランや飲み屋のようなものは見当たらなかった。昼食は社員食堂の定食か、愛妻弁当かの二者択一である。あれこれ気が散って、研究に適さない場所にある「大手町研究所」と、気が散りようのない喜多見の「技術研究所」は全く違う世界だった。

技術研究所には、電機、機械、土木関係の学会で重きをなす研究者が大勢いた。彼らは、若い研究者とともに、電力会社から委託された研究や、将来を見据えた研究に取り組んでいた。また彼らの研究は、電力会社だけでなく、大学関係者からも高い評価を得ていた。

技術研究所の研究員にとって、自分の関心があるテーマと、電力会社から委託されたテーマの間に、大きな乖離はなかった。彼らの場合は、電力会社のための仕事が、自分の学問的業績に直結しているのである。

喜多見の組合役員の中には、教養課程時代に付き合わされた、全学連の闘士のような〝活動家〟もいた。組合の書記は、学会の専門委員会書記とは全く違う。組合の書記は、委員長の女房役なのである。

この結果私は、活動家委員長の誘いを断り切れず、代々木公園で開催されるメーデー集会や、ベトナム戦争・北爆反対デモに引っ張り出され、左翼政治家や進歩的文化人のアジテーションを聞かされた。

また「素敵なバリトンですね」というマドンナのおだてに乗ってコーラス部に入り、東京都の合唱コンクールを目指して、プロ歌手のレッスンを受けた。

研究員とは名ばかりで、昼は散漫な読書や輪講などで時間をつぶし、夕方は組合活動、俳句会、日枝神社の薪能鑑賞、中級レストランや飲み屋で遊んでいる青年は、〝こんな調子でやっていたら、何年たっても博士号は取れない〟と焦りまくったが、付き合いは増える一方だった。

こんなところに、高橋室長からまたまた眉唾な話が降ってきた。

「以前にノアの洪水の話をしたはずだが、覚えているかな」

「はい」

「君はどうして地球に、これだけ大量の水があるのか、不思議だと思ったことはないかね」

「たしかに太陽系の惑星の中で、こんなに水が多いのは地球だけですね」

「そこでぼくは考えたんだ。この水は、どこか別の天体から来たのではないか、とね。三〇〇〇年から五〇〇〇年の周期で太陽の周りを回っている氷惑星があって、それが太陽に近づくと水惑星になるんだな。地球のそばを通りかかったときに、重力で水が地球に吸い寄せられ、そのとき降った大雨のせいで、ノアの洪水が起こったのではないかというのが、ぼくの〝氷惑星理論〟なんだよ」

「ヘェー。すごい理論ですね」

「この理論に肉づけして、いずれどこかに発表しようと思っているので、関心があればもう少し詳しい話を聞いてもらいたいのだが、どうだろう」

〝これはすごい話だ。しかしこんな話に引っ張りこまれたら、引き返せなくなる……〟。

次々と降りかかる難題に、私は「助けてくれ！」と叫びたい気持ちだった。〝こんなことをやっていたら、ずっとこの研究所で暮らすことになる。しかし、この研究所に長居したら、三流研究者で終わってしまう〞。焦った青年は、小野先輩に陳情した。

「小野さん。なるべく早く、計算機室にコンバートしてもらえないでしょうか」

「その件だけどね。来年一人定員がつくことになったので、君の件で高橋さんに相談したところ、もうしばらく自分のところに置きたいって言うんだな。どうやら気に入られたみたいだぜ」

「まさか！　いい加減にやっているので、見放されたかと思っていたのに。それでは、ぼくの方から高橋さんに相談してみます」。〝氷惑星理論に付き合わされたら大変だ！〞。

「それがだねぇ。君を計算機室で採用できなくなったときに、高橋さんに無理を言って頼みこんだので、あの人がノーと言うからには、引き離すわけにはいかないんだよ。もう一～二年我慢してもらえないかな」

「――」

「電力中研はこれからどんどん大きくなるから、次に定員がついたら、そのときは必ず呼ぶからさ」

〝次の時とはいつだろう。毎年一人ずつというわけにはいかないだろうから、誰かが辞めない限り早くても二年後だろう。それまで高橋さんのもとでやるということは、森口教授のしばらくの間から外れてしまう！〟。

翌年計算機室に採用されたのは、森口研究室の一年後輩にあたる伊沢一孝氏だった。またその翌年には、東工大の応用物理学科出身の森川尭氏が計算機室に採用された。

このとき、高橋室長の了承を貰った小野先輩は、私をコンバートすべく努力してくれたが、小野氏とは犬猿の仲の計算機室長が、（小野氏と親密な）青年の移籍を拒否したということだ。

計算機室には、計算機科学やＯＲの研究者が九人もいる。一方、大手町研究所に入ってくるのは、経済学部出身者ばかりだった。私は経済学者村の中の原子力発電研究室で、島流し生活を送っていたのである。

7　未来学

一九六六年三月、退任した荒川理事に代わって、〝電力中研モデルによる日本経済予測〟以外に、これといった成果を挙げていない大手町研究所を抜本的に改革するために、中部電力の常務取締役を務めた清水金次郎なる人物が、電力会社から送りこまれて来た。

四月はじめに実施されたのは、大手町研究所を「経済研究所」と改称したうえで、部屋の間仕切りを取り外し、ダダッ広い大部屋の中に八つの島を配置するという荒療治だった。二ダースほどの研究員は、「電力需要予測研究室」、「計量経済研究室」、「電気料金研究室」、「環境問題研究室」、「原子力発電研究室」、「電力系統研究室」、「海外資料調査室」にまとめられた。

風通しがいい大部屋に研究員を収容することによって、一体感を持たせるのが目的だという ことだが、私にとっては〝悪夢〟だった。目の前には、新しく採用された一八歳の〝キャピキャピ〟桜井桃子嬢。隣は一日中新聞を読んでいる、話し好きな木村健太さん。そして、斜め向かいにはヌーっとした高橋室長。

原子力アイランドは大部屋の中央にあるから、すべての島を見渡すことができる。逆に言えば、誰からも見られているということである。顔をあげてよその島に目をやると、誰かがこちらを見ているから、常に監視されているような気分になる。このような環境では気が散って、本や論文を読んでも頭に入らない。

それまでは、時折図書室や喫茶店に出かけて、気を紛らわせることができた。しかし衆人環視の中では、頻繁に部屋を出入りすることは憚られる。しかも、しばしば誰かが自分の背後を行き来する。

研究しているときには、ああでもないこうでもない、といろいろなことを考える。また研究に熱中すると（そのようなことは滅多になかったが）、爪をかんだり、鼻の孔をほじったりする。〝そんなところを、桃子ちゃんに見られたくない〟。

個室でなければ研究ができない、などと贅沢を言うつもりはない。しかし研究を行う上では、自分が書いているものを他人に覗きこまれない程度の、閉じられた空間が必要なのである。

理工系の研究者にとっての〝研究〟とは、それまで誰も解いていない重要な問題を発掘して、それに対して解答を与える営みである。そのためには様々な文献を読み、仲間と情報を交換するプロセス、すなわち〝調査〟が必要である。しかし研究とは調査結果をもとにして、新たな問題を解く作業なのである。

この立場から見ると、経済研の研究員の大半は、研究者というよりは〝調査員〟である。内外の文献を読んで、それをレポートにまとめるのが彼らの仕事である。電力料金調査が任務のグループは、調査が終わったところでそれをまとめれば業績になる。

また電力需要予測グループは、得られたデータを既存の「電力中研モデル」に入力すれば、答えが出てくる。彼らに必要なのは、オリジナリティよりも、調査結果を編集するテクニックである。

清水氏が所長に就任した一九六七年はじめ、高度成長軌道に乗ったわが国では、「未来学」が流行し始めていた。林雄次郎教授（東工大）、坂本二郎教授（一橋大）らが中心になって、「日本未来学会」が設立されたのはこのころである。

「経済研究所」が電力会社に評価されるためには、従来とは異なる新機軸が必要だと考えた清水所長は、全所員を集めて「経済研のこれから先の目玉は、未来学だ」とぶちあげた。しかし、この発言を本気で受け止めたのは、（かつて『日本復興の設計図』なる本を書いた）高橋室長と、その部下である私くらいだった。

未来学は経済学者にとっては、学問的評価に耐えないお遊びに過ぎなかったし、標準的エンジニアにとっては、どこから手をつければいいのか分からないジャングルだった。

〝所長笛吹けども所員踊らず〟。しかし所長は笛を吹くだけで、成果を出せとプッシュすることはなかった。太っ腹な清水所長は、〝成果が出なければ、理事会で批判されるだろうが、そんなことは気にしなくてもいい〟と考えていたようだ。

ところがこのとき私（だけ）は、学生時代の友人たちとジャングル探検に乗り出していたのである。

所長が笛を吹く半年前の一九六六年夏、高校時代以来の友人である大蔵省勤務の野口悠紀雄氏から、「政府が明治百年記念事業の一環として実施する、「二一世紀の日本」懸賞論文に応募しないか」という誘いがかかった。

応用物理学科・物理工学コースの修士課程を中退して、上級公務員試験で二番の成績を取り大蔵省に入って三年目を迎えた野口は、一年間の新人研修を終えて建設省に出向中だった。研修中に身に着けた最新の経済理論と、建設省で吸収中の都市計画や予算作成に関する知識、それに私が取り組んでいる（ことになっている）エネルギー問題や計算機科学の知識を動員すれば、いい論文が書けるのではないか――。

確かに私は、二一世紀の日本を切り開く計算機技術の専門家だし、原子力についても基本的なことを習得済みだ。それに手元には、メモリー・ダンプおじさんの『日本復興の設計図』というアンチョコがある。

しかし、工学部出身の二人だけでは、偏った内容の論文ができる。それを避けるには、エンジニアとは違う発想をもつ人に加わってもらう必要がある。候補になるのは、私の中学時代以来の親友で、東大経済学部を出たあと日本銀行に勤務する社会科の天才・斎藤精一郎氏しかいない。

このあと三人は、半年にわたって毎週土曜の午後から日曜の朝まで、徹夜のディスカッションを続けた。

ところが、論文がまとまりかけたところで、突如清水所長が「未来学」への参入をぶちあげたのである。三人の基本アプローチは、根拠がない楽観論を並べたてる巷のいかさまアプローチとは一線を画する「システム分析手法」に基づく反論可能なものだ、というのが売りだった。ところがそれこそが、清水所長が目指している未来学だったのである。

懸賞論文に応募したことが所長に知れたらどうなるか。場合によっては、懲戒処分もありうる。どうすべきか迷いながらも、私は「二一世紀の日本」プロジェクトにのめりこんだ。

一九六七年三月、四〇〇字詰めの原稿用紙で一〇〇枚の論文ができあがった。第一部の「十倍経済社会」では、今後四〇年間にわたって年六%の経済成長が持続すれば、二一世紀初頭（二〇〇五年）に、現在の一〇倍の経済規模が実現されること、それを実現するための産業構造、技術条件、農業と食糧、国土と都市はいかにあるべきか、などについて論じた。

第二部の「豊かさの中の人間」では、十倍経済社会の中での人間の生き方を論じた。ここでの目玉は、日本のアメリカ化への対応策と、マスコミとミニコミの中間に位置する、〝ミディアム・コミュニケーション〟の重要性を提唱したことである（審査委員会で絶賛されたこのアイディアは、二一世紀に入って出現したフェイスブックによって実現された）。

また第三部の「一万日間の選択」では、「十倍経済社会」を実現するための方法論である「システム分析」について論じた。

論文の仕上がり具合から見て、私は最優秀賞に選ばれる可能性があると考えた。しかし、もしそうなったら所内で問題になる。そこで、斎藤が〝慎重の三乗〟と揶揄するほど用心深い私は、清水所長にお伺いを立てた。

「実は昨年夏から、大学時代の友人二人と、政府の明治百年記念懸賞論文に応募するための作業を進めてきました。今回その論文がまとまり、内閣府に提出することになりましたが、所長が進めておられる未来学プロジェクトと重なる部分があります。あとで問題になるといけませんので、予めご相談させて頂こうと思った次第です」

「どのような内容ですか」

このあと私は、論文の内容と自分の役割について詳しく説明した。じっと話を聞いていた所長は、

「私が望んでいたのは、まさにそのような論文だ。私の印象を言えば、君たちの論文が入選する可能性は十分ある。しかし、経済研のテーマと重なるところが多いので、君の名前が出ると、なぜ認めたのかと理事会で問題にされるかもしれない。私はそうなっても構わないが、君の立場が悪くなるだろう。絶対にダメだとは言わないが、この際名前を出さない方がいいのではないか。これが私の意見だ」

〝所長が言うことはもっともだ。給料を貰っておきながら、研究所の許可を得ずに懸賞論文に応募すると、背任行為とみなされるかもしれない。後々のことを考えれば、ここで強行突破するのは賢明とは言えない〟。こう考えた私は、名前を出すことを見合わせた。

一九六七年の秋、清水所長が予想したとおり、三人の論文は内閣総理大臣賞を受賞した。そして野口と斎藤は、この日からジャーナリズムの寵児になった。

斎藤室長は、三人の論文が総理大臣賞を受賞したことを知って残念がってくれた。「大蔵省や日銀には、気を使うべきスポンサーはいない。しかし、投資に見合う研究成果が挙がっていない、と批判されている経済研究所としては、電力会社に対する宣伝材料に使えたかもしれないのに、もったいないことをした」というのである。

ジャーナリズムで持てはやされている野口と斎藤を見るたびに、私は複雑な気持ちを味わった。日銀のエースになった斎藤は、フランス銀行で研修を受けるために渡仏した。大蔵省に戻った野口も、近々UCLA（カリフォルニア大学ロサンゼルス校）に留学することが決まった。企業に入った同期生は、高度経済成長に後押しされて、次々とアメリカに留学した。呉羽化学に入った相田氏と、東亜燃料に入った栗山氏はMIT（マサチューセッツ工科大学）に、本田技研に入った藤岡氏は、MITと並ぶ名門カルテク（カリフォルニア工科大学）に。

また博士課程に残った六人の同期生は、全員当然のごとく博士号を取り、一流大学の専任講師（もしくは助手）のポストを得た。理工系大学が拡充されたため、教員ポストが増え、新卒博士たちがこのポストを手に入れたのである。

一方の私は、研究所に入ってから三年間、一編の論文も書くことができなかった。〝このままでは、彼らに決定的な差をつけられてしまう〟。原子力の海を漂流している青年は、焦る気持ちを抑えることができなかった。

8　アメリカ留学

ところが、世の中は何が起こるか分からないものである。一九六八年が明けて間もなく、私にもアメリカ留学の話が舞いこんだ。

高度経済成長に伴って電力需要が急増する中、資金的な余裕ができた経済研で、若手研究員の海外留学制度がスタートした。留学先は世界中のどの研究機関でも可、留学期間は二年、滞在費は一日一〇ドル。ただし、単身赴任が条件になっていた。

一人一年当たりの経費は、滞在費が三六五〇ドル、授業料が（アメリカの場合で）約二〇〇〇ドル、これに交通費と雑費を加えると、ざっと七〇〇〇ドルである。一ドル三六〇円の時代だから、私の年収（約五〇万円）の五倍を上回る金額である。

トップバッターに選ばれたのは、経済予測が専門の西田義彦氏と、電気料金制度が専門の荒木泰男氏だった。西田氏は私より四つ年上、荒木氏は二つ年上である。

独身だった荒木氏は、すぐさまフランスのグルノーブル大学への留学を決めた。一方、アメリカの大学に留学する計画を立てていた西田氏は、土壇場になって辞退してしまった。出産を間近に控えた奥さんが夫の単身赴任に同意してくれない、というのがその理由だった。

代わりに誰を行かせるか？　候補になるのは三〇代前半までの人である。この条件を満たすのは、経済系のU、Y、M、F氏ら四人、環境問題のA氏、それに原子力発電の私である。経済グループはU氏を推したはずだが、清水所長の鶴の一声で、U氏より一つ年上で、「二一世紀の日本」懸賞論文でスターになり損ねた私が指名された。

〝晴天の霹靂〟とはこのことである。実は私はこのときまで、海外留学制度ができたことすら知らなかった。もともとこの制度は、佐々木氏が自分の息がかかった人を派遣するために、清水所長に耳打ちして作られた制度だったのである。

夢のまた夢だと思っていたアメリカ留学のチャンスが与えられた私は、このチャンスは絶対に逃すわけにはいかないと考えた。〝しかし、二年間も一人暮らしに耐えることはできるだろうか〟。大学卒業と同時に結婚した私は、それまで一度も一人暮らしをしたことはなかったのである。

「家族連れだと英語がうまくならない。単身で留学して、金髪女性のカーテン・レクチャーを受けてこい。そうすれば自然に英語がうまくなる」。これが、西田氏に対する所長の言葉だったということだが、新婚間もない西田夫人がこれを真に受ければ、反対するに決まっている（カーテン・レクチャーとは、ベッドでの寝物語という意味である）。

〝しかし、所長は本気でこんなことを言ったのか？　外国語を勉強させるのであれば、高いおカネをかけて海外留学させる必要はない。留学の本来の目的は、専門分野の先端知識を吸収することであるはずだ。

したがって、その目的に支障が出なければ、家族を呼び寄せても処罰の対象にはならないだろう。それはともかく、妻を納得させることはできるだろうか。四歳と一歳の子供を抱えた妻にとって、単身留学は西田夫人以上の悪条件だ〟。

「突然だけど、この秋からアメリカに留学できることになったよ」

「びっくりだわ。あなたにも運が向いてきたのね」

「ところが、単身赴任が条件なんだよ。もちろん月給は、これまでどおり出るけどね」

「私はアメリカなんかに行きたくないわ。ここで子供たちと待っているから、一人で行ってらっしゃいよ」

「お金をためて半年後には呼び寄せるから、それまで我慢してくれ」

「いいのよ。再来年には健太郎が小学校に入るし、母の健康問題もあるから日本にいる方がいいわ」

義母は数年前から、原因不明の難病を患っていた。

「二年も一人で暮らせるかなぁ」

「あなたは生活力があるから大丈夫よ」

妻の了解を取りつけた私は、早速どの大学のどの学科を志望すべきか、検討に取りかかった。

〝何をやってもいいのであれば、原子力から脱出して、より自分に適したORか数値解析を勉強しよう。折角行くなら一流校でなくてはならない〟と考えた私は、学生時代から憧れていたMITのスローン・スクール、カリフォルニア大学バークレー校のIE&OR学科、スタンフォード大学のOR学科と、(滑り止めの)カリフォルニア大学・ロサンゼルス校(UCLA)の数学科に願書を出すことにした。

どの大学も、三通の推薦状を用意すること、英語の検定試験TOEFLと、数学の検定試験GREを受験することが条件になっていた。

一通目の推薦状は、大学時代の指導教授である森口教授、二通目は常日頃OR学会でお世話になっている東工大の森村教授で決まりである。

出来が良くない私に対して、森口教授がどのような推薦状を書いてくださるか心配だったが、それは杞憂だった。教授の推薦状には、

〝ミスター・コンノは東大工学部の数理工学コースで、ベストスリーに入る成績を収めた。

学部時代の成績は、六〇単位がA、九単位がB、三単位がC、また修士時代の成績は二四単位すべてがAである〟と記されていた。この文言に嘘や誇張はない（ただし、当時の工学部ではAが大安売りされていたし、数理工学コースには九人の学生しかいなかった）。

アメリカの大学では、上位三分の一くらいの学生にしかAをつけない。このスタンダードから見れば、驚くべき好成績である。

森村教授の推薦状が、どのような内容だったかは知らない。しかし、この人の人柄からして、森口教授に劣らないものだったのではなかろうか。

では誰に三通目を頼めばいいか。留学先が原子力関係の学科であれば、東大の秋山教授や大山教授など、頼める人は何人かいた。しかしOR学科を志望するにあたって、原子力の専門家に頼んでも意味がない。

思いついたのは、学術会議議長で元東大総長の茅誠司大先生だった。学術会議議長は日本の学術関係者の総元締め的存在だから、絶大な効果があるはずだと踏んだのである。茅先生は「二一世紀の日本」懸賞論文の審査委員長として、われわれの論文を強く推薦してくださった人であるが、全く面識がない。

ダメもとで電話をかけたところ、「忙しくて推薦状を書く時間は取れないが、自分で書いてくれればサインしてあげよう」と仰る。そこで、三日がかりで美辞麗句を並べた推薦状を書き、恭しくサインを頂戴した。

推薦状の次は、TOEFLとGREである。私は学生時代に、代数学、幾何学、解析学、確率・統計理論について、〝広く浅く〟勉強した。しかし、浅い知識ではいい成績が取れない。すべての職務を解かれた私は、学生時代の教科書を丹念に読み返した。

ところが試験を受ける前に、MITとバークレーからは募集を締め切ったという手紙が届いた。一方UCLAからは、〝GREとTOEFLの成績次第で合格〟、またスタンフォードからは、〝来年であれば受け入れ可能につき、TOEFLとGREを受験して推薦状を送ること〟という手紙が届いた。

GREの中身は、二時間で一〇〇題ほどの問題を解き、五つの選択肢から正しい答えを選ぶ方式だった。どの問題も、定義を知っていれば解ける程度の簡単なものだったが、量が多いので大変だった。

一カ月後に届いた成績票には、上位〇・三％と記されていた。偏差値で言えば、七五以上（！）である。学部時代の成績が九人中三番だった私が、一〇〇〇人中三番だということは、数理工学コースの学生の数学力は、アメリカの平均的な理工系大学生より〝遥かに〟上だったことを示している。

また電力中研に勤めてからも、毎日二〜三時間はウィルキンソン、サミュエルソンなどの本を読んでいたので、学生時代に身に着けた数学力が劣化しないで済んだのだ。

一方のTOEFLは、〝留学後に英会話の集中講義を受けること〟という条件つきで合格だった。UCLAに留学する野口氏が、「日米会話学院」で会話力の向上に努めていることを知りながら、(実力を過信して）全く準備せずに受けたせいである。

このあと私は、MITから帰ったばかりの相田氏に、留学心得を教えてもらうことにした。

「ぼくもアメリカに留学することになったんだけど、月三〇〇ドルで家族四人が暮らしていけるだろうか」

「子供が二人いるとなると、奥さんがアルバイトをするわけにもいかないから、相当苦しいんじゃないかな」

「日本の給料を足せば四〇〇ドルになるけれど、どうだろう」

「ウーン。ぎりぎりかな。でもね。アメリカの大学は宿題が多くて、毎日一二時間以上勉強しなくてはならないから、家族がいると足手まといになるぜ」

「一日一二時間というのは、MITのような一流校だけだろう」

「いやいや。アメリカでベスト二〇に入る大学は、どこも同じだよ」

留学が決まったあと、私は研究所の業務を解かれ、留学準備に専念することになった。この結果、高速増殖炉専門委員会の書記、労働組合の書記、コーラス部員、俳句部員、ノアの方舟問題、浦賀水道の石油流出問題、そして原子力発電所に飛行機が墜落したときの原子炉暴走問題も、堂々と辞退できることになった。

高橋室長は、「頑張ってこい」と言っただけだった。役立たずの青年がいなくなっても、別に困らないからだろう。一方、折角高速増殖炉専門委員会に引っ張りこんだのに、一年もせずに逃げられた三木さんは、清水所長を恨んでいた。

また労働組合・大手町地区の〝期待の星〟が渡米するにあたって、本田教授と高木氏は、美人女性組合員を集めて盛大な送別会を開いてくれた。このとき頂戴した「長谷川商店」の花束は、両手でも抱えきれないほどの大きさがあった。

小野先輩は、〝原子力・島流し生活〟変じて〝大陸送り〟になる青年を、老舗の鰻屋「手の字」で「せっかくの機会だから、Ｐｈ．Ｄ．(博士号)を取ってきなさいな」と激励してくれた。東洋一の大手町ビルには、多くの一流のレストランが入っていたが、この鰻屋は最も値が張る店の一つである。

一方、中村先輩をはじめとする計算機室の若手メンバーは、複雑な表情を見せた。当初は半分程度で済んでいた電力会社のための仕事の比率が、次第に上昇していたからである。電力会社は、〝優秀な連中を遊ばせておくのはもったいない〟と考え、多くの仕事を委託するようになったのである。

私にとって、大陸送りはまさに〝天祐〟だった。これがなければ、高速増殖炉、労働組合、コーラス、氷惑星、そして濃密な人間関係で、がんじがらめになっていただろう。

当初私は、〝留学先のUCLAはMITやバークレーに比べれば二流校だし、数学で博士号を取れる見込みはないから、あまり必死になる必要はない〟と考えていた。

事態が急変したのは六月である。スタンフォード大学のOR学科から、〝博士課程の定員に空きが出たので、入学する気があれば至急連絡されたし〟という手紙が届いたのである。

〝世界一のOR学科に入れてもらえることになったからには、森口教授が尊敬する「線形計画法の父」ジョージ・ダンツィク教授のもとで、是非とも博士号を取りたい。二年間では無理だという説がもっぱらだが、これまでの蓄積を生かせば何とかなるかもしれない〟。

それまでチャランポランな毎日を過ごしていた青年は、人が変わった。

9　スタンフォード大学

一九六八年の九月はじめ、二八歳になったばかりの私は、単身でサンフランシスコに向けて旅立った。

スタンフォード時代のことは、すでに『工学部ヒラノ教授の青春』（青土社、二〇一四）で詳しく紹介したので、ここでは、到着して四カ月後の一九六九年はじめに、小野先輩の勧めで『数学セミナー』という雑誌に寄稿した文章の一部を転載するだけに留めよう。

スタンフォード大学は、サンフランシスコから国道一〇一号線を南に向かって約一時間、サンフランシスコ湾の南端に近いパロアルトに位置しています。

約一〇〇〇万坪と言われる広大な敷地は、西部開拓時代にサザン・パシフィック鉄道の経営で巨万の富を築いた、リーランド・スタンフォード氏の牧場だったところで、〝巨大さ〟で特徴づけられるアメリカでも、ひときわ大きな大学です。

主要な教室や施設は、キャンパスの中心部に集まっていますが、教室間の移動には自転車が必需品です。

学生数は約一万一〇〇〇人（うち大学院生が五〇〇〇人）。整った寮やスポーツ施設をはじめ、裏手に広がるゴルフ場を見るにつけても、アメリカの途方もない豊かさに圧倒されます。

第二次世界大戦直後は一地方大学に過ぎなかったスタンフォードが、わずか十数年の間に全米ランキングのベストテン大学に食いこんだ要因の一つは、一年中〝初夏のような〟素晴らしい気候と美しいキャンパスが、優秀な教員や学生を引きつけたことだと思われます。

またＮＡＳＡ、ＩＢＭ、ＣＤＣ、ヒューレット・パッカードなどの研究施設が立ち並ぶ、頭脳産業都市パロアルトの住民の協力も見逃すことはできません。例えば市当局は、大学周辺約一〇キロを酒類販売禁止地域に指定して、研究・教育環境の維持に努めています。

アメリカ人学生は、この大学ほど退屈なところはないと言っていますが、田舎特有の静けさ、美しい並木、おいしくて安い果物、素晴らしい気候、そして優れた教授陣など、これ以上望めないような環境です。

ご承知のとおり、昨年来のバークレーのキャンパス騒動は、中西部のウィスコンシンと並んで、最も過激で持続性があるものでした。リーガン知事が鎮圧に繰り出す州兵は、日本の警察官と違って簡単に発砲する人が多く、新聞に掲載された学生の死体を見て、私はバークレー暴動がスタンフォードに飛び火することを恐れていました。

かねてベトナム戦争、黒人学生枠拡大、ROTC（軍事訓練）などでくすぶっていた学生の不満が、大学と関係が深い「スタンフォード研究所」の生物化学兵器開発プロジェクトが暴露されたのをきっかけに爆発し、しばしばデモや座りこみが行われました。

しかし、この大学はブルジョア階級の子弟が多いことと、地理的に隔離されていることが幸いして、大事件には至りませんでした。これからも小競り合いは続くと思いますが、大事にはならないだろうと考えています。（中略）

ここで、日本の大学とは異なる授業の実態を紹介しましょう。基本となるのは、一科目につき週三回の五〇分授業（もしくは週二回の七五分授業）です。講義はよく準備された素晴らしいものですが、閉口するのは大量の宿題です。すべてが難しい問題というわけではありませんが、五科目の宿題が鉢合わせする学期半ばは、毎日深夜まで取り組まなくてはなりません。

成績評価は試験が五〇%、宿題が五〇%ですから、すべての科目でAを取ろうとすれば、このくらい勉強しなくてはならないのです。

必修科目を取り終えた二年目の春に実施されるのが、学生が博士号に値する基礎学力を備えていることを確認するための、二日にわたる各五時間の筆記試験、いわゆるPh. D. Qualifying

Examinationです。

今年の春に実施された試験では、一四人が受験して合格したのは六人。二人は再受験を認められましたが、残りの六人は大学を去る羽目になりました。厳選された学生の半数近くが脱落することを知って、アメリカの競争社会はすごい、と感心（寒心）しています。

筆記試験のあとに行われるのが、口頭試問です。筆記試験と口頭試問に合格すると、Ph.D. candidate（博士候補生）という称号が与えられ、特定の指導教授のもとで、博士論文作成に取り組むことになります（一年で書き上げる人もいれば、三年以上かかる人もいます。平均は二年半程度だということです）。

以上まとめれば、博士号を取るためには、入学してから三年から五年かかるということです。

一方修士課程の場合、日本では二〇単位の科目を履修して、修士論文を書くことになっていますが、スタンフォードの工学部では、一五科目（四五単位）の講義を履修して平均B＋以上の成績を取れば、修士号が手に入ります。

毎学期四科目履修すれば一年半で、五科目履修すれば一年で修士号が取れるということです。もちろんこのためには、毎日一二時間以上宿題解きをしなくてはなりません。

日本の大学の修士教育は、学生の自主的学習に任される部分が多いのに対して、アメリカでは徹底したスクーリングで学生をしごくのが特徴です。どちらがいいか一概には言えませんが、日本の修士教育は研究者養成という色彩が強いのに対して、アメリカの修士教育は、社会人（実務家）養成のために行われている、と言えばいいでしょうか。（後略）

この文章が掲載されて間もなく、計算機室の平本氏から、次のような葉書が届いた。

今野さま

『数学セミナー』で、元気で勉強されているご様子を知り、安心しました。

松永理事長が体調を崩されたので、このところ研究所の中には、きな臭い匂いが漂っています。しかしぼくは、理事長に万一のことがあっても、しばらくはこのままの状態が続くだろうと楽観しています（心配してもどうにもなりませんからね）。

七月に箱根で開かれたSSOR（OR夏季シンポジウム）では、『数学セミナー』の記事が話題になっていました。みんな読んでいたみたいですよ。アメリカで博士号を取るのは大変だとは聞いていましたが、思った以上の厳しさですね。

小野さんたちと四人で、貴兄が博士号を取ってくるかどうかについて賭けをしました。ぼくは酒の勢いで、取ってくる方に賭けましたので、是非頑張ってください。

それではくれぐれもお元気で。

賭けの対象になっているとは知らなかったが、私は何が何でも博士号を取るべく、〝深夜まで〞ではなく〝未明まで〞宿題と格闘した。元外務官僚で、今は作家・評論家として活躍中の佐藤優氏は、「アメリカの大学生は、日本の大学生の二倍、イギリスの大学生はアメリカの二倍勉強している」と言っているが、これは文系学生の話である。

（当時の）理工系学生の場合、「日本の学部生は、アメリカの学生以上に勉強している。しかし博士課程の学生の勉強量は、アメリカには遠く及ばない」と言えばいいだろう。

研究所に入ってから三年半、チャランポランながら毎日欠かさずＯＲや数値解析の本を読んでいたおかげで、ハイレベルな授業についていくことができた。中でも線形計画法の講義の教科書に採用された、ダンツィクの本を読みかじっていたことは、絶大な効果をもたらした。

二八歳の青年は、まだ体力が残っていたからどうにかなったものの、三〇歳の大台を超えていたら、〝毎日一四時間〞の猛勉強に耐えることができただろうか。

授業や宿題以外にも、次々と難問が降りかかった。先の記事では、〝スタンフォードのキャンパス騒動は、たいしたことにはならないだろう〞と書いたが、保守系政治学者の拠点である「フーバー研究所」が投石・放火されたときは、学長周辺でキャンパス閉鎖が真剣に検討された。

たとえ一～二週間といえどもキャンパスが閉鎖されると、博士号取得に障害が出かねない。

また一一月はじめに、海兵隊事務所から徴兵令状（赤紙）が舞いこんだときは、大パニックを起こした。海兵隊員は、間違いなくベトナム送りになって、三人に一人が死ぬ。留学直前に定員に空きができたのは、入学が決まっていた学生が徴兵されたためである。

結局は、〝グリーンカード（アメリカ永住権）申請の権利を放棄しますので、兵役を免除してください〟という書類にサインして徴兵を逃れたが、サインするまでの二日間は生きた心地がしなかった。

キャンパスのあちこちで見かける髑髏マークは、核戦争が起こったときに避難するシェルターの印である。このようなものが役に立つと考えているということは、核戦争が実際に起こっても不思議はないということだ。

ベトナム戦争が激化する中、米ソ関係は日に日に悪化し、〝世界終末時計〟は終末三分前を示していた。五年前のキューバ危機のときに、死ぬほどの恐怖を味わったあと、スタンリー・キューブリックの『博士の異常な愛情』を見て、再び恐怖に震えた私は、核戦争がすぐそこに迫っていることを知って戦慄した。

一日おきに降る雨の中、ビニール合羽を被って、八キロの道のりを自転車で往復するのも大変だった。

ノイローゼになる理由は、これ以外にも沢山あった。銃社会、人種差別、親切すぎる（おせっかいな）下宿先のおばさん、そして耐えがたいホームシック。妻や子供たちの声を聞きたくても、国際電話は三分で一〇ドル、郵便は往復で一〇日もかかった。

それまでの三年間、面白おかしく楽園生活を送っていた青年は、孤独感に耐えかねて、一日も早くアメリカに来てくれるよう妻に懇願した。

社宅を長く空けるときには、管理人に報告しなくてはならない。管理人はもちろん、事務局に通報する。〝所長にばれたら、何らかの処分を受ける可能性がある。しかし、帰国命令が出ることはないだろう。であるならば、三カ月先だろうが六カ月先だろうが同じことだ――〟。

毎日のように届く手紙を読んで、夫の精神状態がおかしくなっていることに気づいた妻は、引きとったばかりの母親を姉に任せて、子供たちとともに渡米することを決断した（この決断がなければ、私は発狂していたかもしれない）。

一九六八年一一月二二日、サンクスギビング四連休の初日の朝、私はサンフランシスコ空港でＪＡＬ〇〇一便の到着を待っていた。ところが予定時刻を三〇分過ぎても、到着アナウンスが出ない。たまりかねてカウンターで尋ねたところ、返ってきた答えは、「墜落しました。それ以上のことは何も分かりません」

頭の中が真っ白な状態で一時間あまりが過ぎたころ、「飛行機はサンフランシスコ湾に不時着しました。乗客は全員無事だとのことです」というアナウンスがあった。〝家族全員死亡↓全員無事〟というどんでん返しを体験した青年の脳みそは沸騰した。

翌日のサンフランシスコ・クロニクルの第一面には、〝一〇〇万分の一の奇蹟〟という見出しが踊っていた。前後に数秒ずれていたら、ほとんど全員死んでいたという。

この事故は日本の新聞にも大々的に報じられた。朝日新聞の一面には、妻に抱かれて泣いている娘の写真が載っていた。そしてその横には、「妹は、電力中央研究所に勤める夫の留学先に出かけるところでした」という、義姉のコメントが記されていた。

私は清水所長のお叱りを受けることを覚悟した。予想どおりその日の夕方遅く、東京から電話がかかってきた。

「経済研の清水です。大変な目に会いましたね」

「ご心配をおかけして、申し訳ありません」

「ご家族が無事で何よりでした」

「ルール破りの罰が当たりました」

「それはいいよ。確かに単身赴任しろと言ったが、ぼくも若いころはいろいろルール違反をやったものだ。ぼくでも君と同じことをやっただろうさ」

「すみません」

「では、くれぐれも奥さんを大事にして頑張ってください」

「ありがとうございます」

大企業の常務を務めただけあって、清水金次郎氏は器の大きな人だった。単身赴任ルールを破ったことについては、所内ではいろいろな意見があったようだ。しかし、留学命令を下した所長が不問に付したことが既成事実になって、単身赴任条件は〝ちゃら〟になった。

この結果、奥さんが反対したため留学を辞退した西田氏は、家族同伴でペンシルバニア大学に留学することになった。西田氏も私と同様、墜落事故のおかげで救われたのである。

自分では気がつかなかったが、むき出しの競争生活と、墜落事故のダブルパンチを受けた私は〝狂躁状態〟に陥った。妻は後日、「日本にいたときと全く人が変わったあなたにどう対応すればいいか苦慮した」と言っていたが、一日一四時間、週一〇〇時間の猛勉強に耐えることができたのは、半分気が狂っていたせいかも知れない。

10　準ユダヤ人待遇の青年

二年目の春に行われた博士資格試験を、一五人中三番の成績パスした私は、すぐさまダンツィク教授のアポを取った。

「おかげさまで合格しました」

「おめでとう。よかったね。モリグチ君の推薦だから心配ないと思っていたが、これからも頑張ってくれたまえ」

一九五〇年にノース・カロライナ大学に留学した森口教授は、統計学の分野で優れた業績を挙げ、アメリカの科学界に君臨するユダヤ人研究者の間で、「日本に森口あり」と称される存在になった。

徴兵された学生が入学を辞退したとき、学科主任のリーバーマン教授が、空いた定員枠を私に割り振ってくれたのは、学術会議議長ではなく、コロンビア大学時代の同僚である森口教授の推薦状のおかげである。

〝準ユダヤ人〟として処遇された森口教授の弟子もまた、ユダヤ人教授たち（OR学科の一〇人の教授の中の八人、そして同期生一五人中の七人はユダヤ人だった！）から、〝準ユダヤ人〟待遇を受けた。

ここまでの一年半、私の頭の中は資格試験のことで一杯だった。〝この試験に落ちたら森口教授に顔向けできない。何が何でも試験にパスしなくてはならない。博士候補生になったあとは、九月までにいいテーマを見つけて、日本に帰ってから論文書きをすればいい――〟。

しかし試験が終わってみると、さらに高い壁が出現した。いい研究テーマが見つかる保証はないし、見つかったとしても、日本に帰れば独力で論文書きに取り組まなくてはならないからである。

数日後私は、〝ダメもとで〟高橋室長宛てに留学期間延長願いを出した。

高橋実様
御無沙汰しておりますが、皆様お変わりありませんか。
このたび、念願だった博士資格試験をパスして、博士候補生になりました。本日は、その件でお願いがあってお手紙を差し上げます。

もし留学期間を一年間延長して頂ければ、博士号を取ることができると思います。論文指導を引き受けてくださることになったジョージ・ダンツィク教授も、博士号を取るよう薦めてくださっています。

これから先は、大学からなにがしかの奨学金を出してもらえると思いますので、研究所からの支援がなくても何とかなるはずです。どうかよろしくお願い致します……。

〝私が博士号を取っても、研究所として大したメリットはない。多分延長願いは通らないだろうが、ダンツィク教授の口添えがあれば……〟。

二週間後に高橋室長から届いた手紙は、次に留学することになっている人に迷惑がかかるので、予定どおり九月末までに帰国するよう指示していた。

〝室長の意向に逆らって、居残ったらどうなるか。自分が費用を負担すれば、クビにはならないだろうが、博士号を取れなかったら物笑いのタネだ。日本に戻って博士論文を書くしかない。しかし、あんな大部屋で論文が書けるだろうか〟。

こう考えていたところ、六月末になって高橋室長から再び手紙が届いた。帰国の日取りを連絡せよという内容かと思いながら封を開いたところ、思いもよらないことが書いてあった。

今野君へ。

元気ですか。今日は重要な連絡事項があるので、手紙を書きます。

昨日開かれた室長会議で、貴君の留学期間を一年間延長することが決まりました。これは清水所長の命令です。かくなる上は、必ず博士号を取って帰るよう頑張ってください。なお近日中に、大沢副所長がそちらを訪れることになっていますから、詳しいことはそのときに聞いてください。


このあとしばらくして、大沢副所長がパロアルトに設立された「ＥＰＲＩ（Electric Power Research Institute）」なる研究所を訪問するついでに、私のアパートを訪れた。しかし、頑張ってくださいと言っただけで、留学期間延長のいきさつについての説明はなかった（藪蛇になるといけないので、こちらから尋ねることは見合わせた）。

事情が分かったのは、斎藤統氏から手紙が届いたときである。

今野浩君
御無沙汰していますが元気ですか。貴君のことについては、高橋さんから逐一聞いています。

以前、留学延長を希望する手紙が届いたとき、室長会議で議論しましたが、そのときは高橋さんが反対したので見送りになりました。

高橋さんは、貴君が博士号を取ってくれれば、どこかの大学に引き抜かれることを心配したのだと思います。一方大沢副所長と佐々木室長は、留学延長を支持しましたが、これは貴君が帰ってくると、研究所内の勢力バランスが崩れることを心配したからでしょう。

一旦は否決された留学延長が認められたのは、その後ダンツィク教授から清水所長あてに留学延長を要望する手紙が届いたためです。高橋さんはそのときも反対しました。博士号が取れなかった場合どうするのか。取れるか取れないかは運次第なので心配だ、というのがその理由でした（これが本音かどうかはよく分かりません）。

これに対して清水所長の、「彼なら必ず一年で取ってくるから心配いらない。取れなかったときは私が責任を取る」という一言で延長が決まったのです。

事情はともあれ、貴君は、今回清水所長に対して重い責任を負ったのです。ということなので、できる限り博士号を取るよう頑張ってください。しかし、頑張りすぎて身体を壊したら元も子もありませんから、限度を超える無理はしないよう気をつけてください。たとえ博士号が取れなくても、命さえあれば世の中どうにかなるものです。（後略）

特攻隊の生き残りである斎藤氏の忠告は、胸にずしりと響いた。〝こうなった以上、絶対に博士号を取らなくてはならない。アイディアは幾つかあるが、ダンツィク・スタンダードを満たす論文を書くことはできるだろうか。もし手ぶらで帰ったら、物笑いのタネになるだけでは済まない〟。

七月に入って間もなく、ダンツィク教授はイスラエルに集中講義に出かけてしまった。そこで私は、(頭がおかしくなった夫との)辛い一年半を過ごした妻にサービスするため、旅行に出かけることにした。

妻に「どこに行きたいか」と尋ねたところ、(待っていましたとばかりに)オレゴン州のクレーター・レイク国立公園、カナダのバンフ国立公園、モンタナ州のグレイシア国立公園、ワイオミング州のグランド・テトン国立公園とイエローストーン国立公園、アリゾナ州のグランド・キャニオン国立公園、モニュメント・バレーの名前を挙げた。

〝これだけ多くの場所を回るには、最低でも三週間はかかる。残り六〇週間のうち三週間も潰れるのは痛いが、これまでの妻の苦労を考えれば、このくらいのことはしてあげなくてはならない〟。

二〜三日ならともかく、一週間以上大学を離れるときには、所長の許可を貰うのがルールである。しかし、〝イエローストーンとグランド・キャニオンを見物するため、旅行に出かけたい〟とは書けない。

そこで、〝アメリカ西海岸の原子力施設と、松永理事長が電力中研を設立するにあたってお手本にした、サンタ・モニカの「ランド・コーポレーション」を訪問したい〟という手紙を書いた（返事が来るころには、スタンフォードに戻っている）。

国立公園めぐりの途中にある原子力施設としては、カリフォルニア州ユーレカにある「フンボルト・ベイ原子力発電所」、ワシントン州ハンフォードの「核廃棄物処理施設」、アイダホ州のアイダホ・フォールにある「アイダホ原子力研究所」、そしてカリフォルニア州サンディエゴの「サン・オノフレ原子力発電所」がある。

最初に訪れたのは、「フンボルト・ベイ発電所」である。電力中研に就職して間もなく、原電の東海発電所を見学に行ったことがあるが、このときは知り合いの紹介があったので、建物の内部を見せてもらうことができた。

しかし、どこの馬の骨とも知れない外国人留学生が、国家機密の塊である原子力発電所の中を見せてもらうことはできない。そこで、敷地の前で守衛さんと二言、三言言葉を交わし、数枚の証拠写真を撮ったあと、クレーター・レイク国立公園に直行した。

その後、ハンフォードのプルトニウム再処理施設や、アイダホ原子力研究所にも行くだけは行った。しかし、あちこちに設置されている髑髏マークの立て札に恐れをなして、写真を撮っただけで逃げ出した。

一方七つの国立公園は、いずれも期待を裏切らない素晴らしさだった。私のベストワンはイエローストーン（特にオールド・フェイスフルという名の間欠泉）、妻のベストワンは西部劇でおなじみのモニュメント・バレーだった。

一八日に及ぶ一万キロのグランド・ツアーを締めくくるのは、ロサンゼルスの北、サンタ・モニカにある、世界で最も有名なシンクタンク「ランド・コーポレーション」である。

OR研究の中心地で、「二一世紀の日本」懸賞論文のバックボーンになった「システム分析理論」の発祥地でもある。第二次世界大戦直後の一九四六年に、アメリカ空軍によって設立されたこのシンクタンクは、〝アメリカ合衆国の公益と安全のために、科学、教育、慈善を促進するための研究を行うこと〟を謳っていた。しかし、実際に行われていたのは、軍事研究が中心だった。

一九六〇年代はじめ、ここには第二次世界大戦の際に、軍事作戦立案に重要な役割を果たした多くの数理科学者が集まっていた。二〇世紀最高の（応用）数学者と呼ばれるジョン・フォン・ノイマンを筆頭に、ケネス・アロー、ハーバート・サイモン、ジョージ・ダンツィク、トーマス・シェリング、ロイド・シャプレー、レイ・ファルカーソン、ハリー・マーコビッツなど、歴史に名を刻む有力な研究者が、ジョン・ウィリアムズという優れた指導者のもとで、数理科学の新分野を確立すべく、論文を書きまくっていた（後にこの中から五人のノーベル賞受賞者が出ている）。

線形計画法、在庫管理理論、ゲーム理論、ネットワーク・フロー理論、非線形計画法、計算機シミュレーション技術、PPBSなどに代表されるOR／システム分析手法の多くは、この研究所で生まれ育ったものである。

学生時代に、森口教授のORに関する講義を受けた私は、ランド・コーポレーションに憧れていた。ところが、そのわずか六年後の一九六九年に訪れたとき、この研究所に勤めている数理科学・ORの専門家は、ファルカーソン博士とシャプレー博士の二人だけだった。

スポンサーである空軍関係者の間で、「数理科学・ORは期待したほどの成果を挙げていない」という批判が高まったため、技術予測（デルファイ法）、対ソ核戦略（相互確証破壊理論）、PPBS（予算編成技術）などの研究にシフトしたからである。

実際この当時は、計算機の処理スピードが遅かったため、ORは現実的な作戦計画立案の役に立たなかった。八〇年代に入ると、計算機の劇的性能向上と、理論的ブレークスルーが起こり、ORは再び表舞台に登場するのであるが、六〇年代末からの一〇年間は、不遇な時代を送ったのである。

実際、このころスタンフォードを訪れた経済学者の佐和隆光京大助教授は、「今ごろからO

Rなんかやって、どうなるのでしょうね」と、OR学科で勉強している私を揶揄したくらいである。

あらかじめ、ダンツィク教授の紹介状を添えて、ファルカーソン博士（ネットワーク・フロー理論の創始者）、シャプレー博士（ゲーム理論の権威）、ヘルマー博士（デルファイ法の提唱者）などのアポイントメントを取ってあったので、丸一日じっくり話を聞くことができた。

分かったのは、研究環境が悪化したため、OR・数理科学の研究者が、次々と大学に移籍したということだった。アローとシェリングはハーバード大に、サイモンはカーネギー・メロン大に、ダンツィクはカリフォルニア大学バークレー校に、マーコビッツはニューヨーク市立大に転出した。

そして七〇年代に入って間もなく、シャプレーがUCLAに、ファルカーソンがコーネル大に移籍したあと、OR・数理科学関係者は誰もいなくなったのである。

このころ研究者の間では、〝研究所二〇年寿命説〟が唱えられていた。スタート時点で優秀な研究者を集めても、二〇年の間に老齢化が進んで成果が挙がりにくくなること、また社会環境が変化して、研究所の設立目的そのものが時代にマッチしなくなることがその原因だというのである。

研究者を任期つきで雇用すれば、老齢化を防ぐことができる。ランド・コーポレーションがどのような雇用形態を採用していたかは不明である。しかし、OR・数理科学関係の研究者はすべて一騎当千のつわものだったから、一流大学から引く手あまただった。

ランド・コーポレーションは、その後新分野のスタッフを雇用して、国家安全保障政策、公共政策、教育政策、経済予測などの社会科学的研究を行う研究機関に生まれ変わった。

では電力中研のような、終身雇用制度を取る研究所の場合はどうか。研究環境が悪くなれば、優秀な研究者は転出する。したがって残るのは、次の仕事が見つからない人だけになるのではないか。

一九五一年に設立された電力中研は、二年後に満二〇年を迎える。入所したとき、余命五年くらいと囁かれていた松永翁は、すでに九四歳を超えた。松永亡きあとの電力中研はどうなるのだろうか。〝技術研究所はセーフだとしても、経済研究所は安泰とは言えない。何としてでも博士号を取り、近い将来に予想される危機的事態に備えなくてはならない〟と私は決意を新たにしたのである。

〝原子力施設見学ツアー〟から戻ったあと、私は「ランド・コーポレーション訪問記」を中心とする報告書をまとめた。原子力施設訪問の証拠写真を添えて、このレポートを高橋室長に送ったあと、手当たり次第に論文を読んだ。

大御所ダンツィク教授のもとには、世界中の研究者から最先端の研究レポートが送られてくるので、材料には事欠かなかった。しかし、九月になっても手ごろなテーマは見つからなかった。

残るはちょうど一年である。来年九月までにすべてを終えるためには、五月中には論文を完成させなくてはならない。

魚が網にかかったのは、一一月はじめである。〝「双線形計画問題」に、ゼミで紹介された「トイの切除平面法」を当てはめたら、解けるのではないか？〟。双線形計画問題というのは、応用範囲が広い未解決の難問である。〝この問題を解く方法を開発すれば、必ず博士号が手に入る〟。

このあと私は、毎週一回ダンツィク教授のオフィスを訪れ、研究の進捗状況を報告した。その都度教授は、〝準ユダヤ人青年〟に適切なアドバイスを与えてくださった。研究は面白いように進み、三月末には数学上の〝細かい〟問題を残して、論文の骨格ができ上がった。元気づいた青年は、全力で細部の証明に取り組んだ。そして一カ月後に思いついたウルトラC作戦で、この問題に決着をつけることに成功した。

第一部の理論編七五ページと、第二部の応用編七五ページのタイプ打ちが終わったのは、一九七一年の六月はじめである。私は、資格試験に合格した一〇人の同期生の誰よりも早く、二年九カ月でダンツィク教授が言うところの、〝ビューティフルな〟博士論文を書き上げた。

松永理事長の訃報が伝わってきたのは、この直後である。小野先輩が予想したとおり、この人は九五歳まで生きて、大往生を遂げた。

私が入所したころは、産業計画会議で開催される月例研究会に常時出席して、鋭い意見を述べていたという。しかし、私がこの人と直接言葉を交わしたのは、「二一世紀の日本」論文が総理大臣賞を受けた直後に、その内容について説明したときだけである。

どのようなことを訊かれたか忘れてしまったが、「君は若くてうらやましいよ。親しかった友人は、みんな死んでしまった。嫌いだった奴でも、死ぬと悲しいものだ」という言葉は、今もはっきり記憶に残っている（すでに喜寿を超えた私は、友人の訃報を聞くたびにこの言葉を思い出している）。

〝電力会社は、松永亡きあと三年くらいは電力中研に手をつけないだろう〟と言われていたが、果たしてそうか。しかし、翁の存命中に博士論文を完成させた私は、何が起こってもどうにかなると達観していた。

最終口頭試問を終えて、アメリカ大陸横断・三〇日間一万キロ・有力大学訪問の旅から帰ったところにかかってきたのが、ダンツィク門下の兄弟子であるイラン・アドラー博士からの電話だった。博士論文を書き上げたあと、名門バークレーに助教授として迎えられたイスラエル出身の大秀才が、帰国する前に博士論文について話を聞かせてほしいというのである。そこで私は、アメリカを発つ数日前にバークレーを訪れた。

アドラーの炯眼は、私の論文の不備を見破っていた。ウルトラC作戦で難所をくぐり抜けたつもりだったが、重要な定理の証明に不完全な部分があったのである。しかしこのとき私は、少々工夫すれば証明を修復することは可能だと考えていた。

11　日銀出身の調査マン

一九七一年九月、私たち一家は日本に戻った。留守にしていた三年間の日本の発展は、驚くべきものだった。お金さえ出せば、すぐに電話を引いてもらうことができたし、出発前は三万円少々だった月給は、五万円に届こうとしていた。

トヨタや日産が、カリフォルニアで車を売りまくっているのを目にして、このまま行ったらアメリカ中が日本車だらけになるのではないかと心配していたが、この心配は現実になった。苦境に立たされたアメリカは、この年の八月に「金兌換制廃止」という思い切った政策を発動し、「ニクソン・ショック」を引き起こした。

その四カ月後のスミソニアン合意によって、一ドルが三六〇円から三〇八円に切り上げられたときには、〝アメリカはこれから先衰退を続け、いずれは一ドル一〇〇円の時代がやってくる〟と予言するエコノミストが現れはじめていた。

その一人が、この年に経済研に入所した須藤隆義氏である。東大経済学部を一番で卒業したという須藤氏は、戦闘的でシニカルな青年だった。それもそのはず、この人は東大紛争で安田講堂に立てこもった、全共闘の中心メンバーの一人だった。

「アメリカはもうダメです」という須藤氏に私は反論した。

「アメリカはそう簡単にダメになりません。なぜならアメリカの大学は、日本の大学に比べてずっと底力があるからです」

「いまや大学なんて、何の力もありませんよ」

「いやいや、アメリカの大学は国力の源です」

「いずれあなたにも、私の正しさが分かるでしょう」

反論しようと思ったが、弁が立つ全共闘青年と議論するのは疲れるし、あまり本気になると、自分がアメリカ人になってしまったことがばれるので、言い負かされることにした。

しかし、この切れ者が言うことの半分は正しかったが、半分は間違っていた。今や一ドル一〇〇円が定着したが、〝アメリカ最高の産業〟と呼ばれる一流大学群は、グーグルのセルゲイ・プリンとラリー・ペイジ、フェイスブックのマーク・ザッカーバーグなどの傑出した人材を生み出し、アメリカの衰退を防いでいる。

松永翁に代わって理事長に就任したのは、中部電力の副社長を務めた横山通夫氏である（このポストは、以後四〇年以上にわたって、東京電力と中部電力の副社長経験者の指定席になった）。

清水所長はヘルペスという難病で療養中だったので、自由が丘のお宅にお見舞いに伺った。

「経済研の今野という者です。先日アメリカ留学から戻りましたので、ごあいさつに伺いました」

「先ほども、中部電力時代の同僚の方がお見えになりましたが、父は誰にも会いたくないと申しますので、お引き取り頂いたところです」

「それは残念です。それでは、所長のおかげで博士号を取ることができました、とお伝えください。これは博士号取得証書の写しと、アメリカ土産です。つまらないものですが、所長にお渡しください。それではここで失礼しますので、くれぐれもよろしくお伝えください」

「確かに承りました」

出発するときには大部屋だった経済研は、いくつかの間仕切りで区切られた中部屋に変わっていた。高橋室長が定年を迎えたあと、原子力発電研究室は廃止されたため、私は東大電気工学科出身の小沢洋一氏が室長を務める、「技術経済研究室」に配属された。室員は、東工大電子工学科で博士号を取った一つ年下の坂口雄志氏と、東大計数工学科（数理工学コースの後身）の修士課程を出た、五つ年下の大島達彦氏である。

なお原子力発電の研究は、新たに設立された「日本フェルミ炉委員会」と、技術研究所の原子力技術研究部門に移管された。本来であれば、「フェルミ炉委員会」は三木さんが中心になってしかるべき組織であるが、なぜかこの人は出向先から戻らなかった。その代わりに入ったのが、京大原子力工学科の博士課程を出た竹山寿夫氏である。

私より一五歳ほど年上の小沢室長は、電力系統運用問題の専門家である。発電所から需要者に電気を送る際に、どのような経路を通して送れば、送電ロスが最も少なくて済むかという研究である。

これはORと関係が深い研究テーマであるが、小沢室長は私に協力を求めようとはしなかった。気心が知れないアメリカ帰りの男に頼まなくても、大島達彦というアシスタントがいたからである。

大島氏は森口研究室の五年後輩で、入所当時の私と同様、研究の焦点が定まらない人だった。しかし要領がいいこの青年は、小沢室長の求めに応じて、電力系統運用に関わる計算を請け負っていた。

大手町では数少ないこの独身青年は、若い女性職員にモテモテだった。あまりにもてるので、五つ年上の妻帯者は、小沢室長ともども艶やかな噂を耳にするたびにハラハラしていた。しかしこの青年は、塀の上を歩いても、決して内側には転がり落ちないスキルを身につけていた。

もう一人の坂口氏は、東工大出身だけあって典型的なカタブツ・エンジニアである。博士課程を出た人は、自分の研究テーマを持っているから、融通が利かない人が多いのだが、坂口氏は専門が違う小沢室長と協調的にやっていた。

柔軟で人柄がいい坂口・大島両氏は、先輩や同僚に可愛がられていた。一方、気心が知れない〝アメリカ帰りのPh.D.〟は、同僚たちの間で完全に浮き上がっていた。なるべくアメリカ臭をふりまかないよう注意していたつもりだが、注意するくらいでは隠しきれないくらいアメリカ人化していたのではなかろうか。

このためか、留学する前と同様友好的に付き合ってくれたのは、斎藤統氏、小野勝章氏、平本巌氏の三人と、かつての組合仲間くらいだった（その後、アメリカ帰りの経済学者と付き合うたびに、私は〝あのころは、私もああだったのだろうなぁ〟と恥ずかしい思いをした）。

五七歳で定年を迎えたあと、二年の契約で理事待遇の嘱託研究員になった高橋実氏は、一人も部下がいない特別研究室の室長として、怪気炎を上げていた。理事待遇になったので、主任研究員時代の三割増しの給料を貰っているとやら（原稿料は四〇〇字一枚で、いくらに跳ね上がったのだろうか）。

一方、依然としてサンダル履きの斎藤室長は、東大経済学部出身の小出芳郎氏、大川賢二氏、須藤隆義氏や、東大文学部出身の長井優氏という逸材を従えて、沢山の報告書を書いていた。

斎藤室長は小田急線の伊勢原に豪邸を構える一方で、常磐線の佐貫駅から二キロ以上離れた林の中に、装甲車のようなプレハブ住宅を建て、週末はそこで過ごしていた。

私は小出、大川両氏と何回かご招待いただいた。柏に住んでいたので、佐貫までは一時間少々で行けたが、伊勢原の自宅からだと少なくても三時間はかかる。奥さんとの関係がうまくいっていないので、なるべく遠いところを選んだのだそうだが、ともかく不便極まりないところだった。

装甲車の中は哲学、心理学、法学、経済学、社会学など、二千冊の蔵書で埋まっていた。また机の上には菓子パン、果物、駄菓子、ハム、チーズなどが置いてあって、ビールやブランデーを飲みながらご高説を承るのである。

やることなすことすべて常人離れしている特攻隊の生き残りは、かねて心臓にトラブルを抱えていたが、この数年後、佐々木氏と研究所の運営を巡って大ゲンカした晩に、心臓発作を起こして急死してしまった。海外出張中だったため、私は葬儀に参列することはできなかった。大恩人を送ることができなかったことは、生涯にわたる痛恨事である。

数カ月で復帰できると思われていた清水所長の病状は、悪くなる一方だった。回復の見込みはないと判断した清水氏は、間もなく職を辞した（この結果、直接お礼を申し上げる機会は巡ってこなかった）。

後任として所長に就任したのは、日本銀行の理事・調査部長を務めた外山茂氏である。おやじさん風の清水所長とは全く違う、これぞ日銀マンという匂いをふりまく紳士である。日銀理事であれば、日銀から「日本経済研究センター」に移籍した斎藤精一郎氏に聞けば、評判が分かるはずだと思った私は、ストレートにどういう人か尋ねた。

しかし斎藤は、「うーん。あの人が電力中研の経済研究所長とはねえ。予想外だなあ」と言っただけだった。あれほどの人物が、電力中研のような弱小組織に天下ったのは解せないと思ったのだろうか、それともただの調査マンが研究所長職に就いたことに驚いたのだろうか。

豪放磊落な清水所長と違って、外山所長はいつもカリカリしていた。日銀は上位下達組織だから、調査部員は部長の指示どおりの仕事をする。しかし研究員なるものは、所長の言うことを聞くとは限らない。

しかも経済研究所長は、電力会社出身の理事から、〝もっと成果を挙げてほしい〟というプレッシャーを受ける。成果を挙げなければ、一期三年で所長を解任される可能性がある。それはなんとしても避けたいと考える所長は、所員に向かって「(成果が挙がるかどうか分からない)研究より、(必ず成果が出る)調査を重視せよ」と号令をかけた。

しかし、頭の中があの定理に占拠されている私は、所長の命令を聞き流した。そして、〝なるべく早く証明を修復したうえで、しかるべきジャーナルに投稿しなくてはならない〟と考え、暇さえあれば数式をひねり回していた。

私が〝ビューティフル〟な博士論文を書いたことは、ダンツィク教授から森口教授を経由して小野先輩に伝わっていた。小野先輩はこの件を高橋室長に伝えた。この結果私は、研究所の中で一目も二目も置かれる厄介な存在になっていた。

小沢室長は帰国後しばらくして、スタンフォードの博士論文を日本語に翻訳して、「経済研究所レポート」として電力会社に配布することを提案した。

〝間違いが含まれている論文を、あちこちに配布するのは気が進まない。しかし、翻訳が終わる前に間違いを修復することができれば問題ない〟と考えた私は、小沢室長の提案を受け入れることにした。

ここに届いたのが、先輩アドラーの二人の弟子が書いた、バークレー・レポートである。そこには、〝コンノの定理が正しければ解けるはずの問題の中に、解けないものが見つかった〟と記されていた。ところが、私の博士論文は全米の大学に広く配布され、多くの研究者に読まれていた。世界の頂点に君臨するスタンフォード大学のＯＲ学科が発行するレポートを、多くの人が（中身を読まずに）信用した。

〝間違っている定理を、大勢の人が信じている！　早く修復しないと大変なことになる！　工夫すれば必ず何とかなるはずだが、どうすればいいのか〟。身近なところに、小野、中村両先輩など、数学に強い仲間が何人もいたが、自分の恥をさらすことになるので、相談する気にはなれなかった。

毎日、ああでもないこうでもない、こうでもないああでもない、と堂々巡りを繰り返すばかりで、突破口は見つからなかった。〝普通のやりかたではどうにもならない。証明を修復するには、全く新しいアイディアが必要だ〟。

翻訳を終えるまでに修復する計画は破たんした。仕方なく私は、レポートからこの定理を削除することにした（いわば、あんこが入っていない大福饅頭のようなものである）。立派に製本された「経済研究所リポート」は、電力会社だけでなく全国各地の大学にも配布された。そしてこの業績を評価されたヒラ研究員は、研究担当に昇格した。

上下二冊、四〇〇字詰め原稿用紙二五〇〇枚のレポートは、私が電力中研に提出した報告書の中で最長のものである。これを書くためにかかった費用は、ざっと七〇〇万円。一枚当たりに換算すると約三万円である。高橋室長の七万円や三木主任研究員の一〇万円よりは少ないが、谷崎潤一郎の六倍という高額原稿料である。

こんなとき、米国中西部の小都市マディソンにあるウィスコンシン大学の「数学研究センター（ＭＲＣ）」のティーシー・フー教授から、〝客員助教授として一年間招待したい〟という手紙が舞いこんだ。

ＭＲＣは、一九五六年に米国陸軍の資金によって設立されたもので、ニューヨーク大学の「クーラン研究所」と並ぶ応用数学のセンター・オブ・エクサレンスである。一九七二年当時の主たる研究領域は、数値解析、確率・統計、ＯＲ（数理計画法）の三分野で、私の専門であるＯＲの分野には、フー教授のほかにもベン・ローゼン、オルヴィ・マンガサリアン、ロバート・メイヤーなどの大スターがいた。

ＭＲＣは、毎年夏に世界中から有力な研究者を招いて、大規模なシンポジウムを開催した。そこで発表された論文は、一流研究者の査読を受けたあと本の形で出版され、世界中の研究者に読まれた。スタンフォード時代には、これらの本を使ったセミナーも開かれた。

〝あそこに行けば、優秀な研究者のアドバイスを受けることができる。しかし、留学から帰って一年もしないのに、またアメリカに行きたいと言ったらどうなるか。小沢室長は、アメリカ帰りのPh.D.を持て余しているし、坂口・大島というお気に入りコンビがいるから、困ることはない。しかし、規律と体面を重んじる外山所長は反対するだろう〞。

マディソンは札幌とほぼ同じ緯度に位置していて、零下二〇度は当たり前、時には摂氏と華氏が並ぶ零下四〇度になる酷寒の地である。〝長男は小学校二年生だから、今度こそ単身赴任するしかない。しかしあんなところで、一年も一人暮らしができるだろうか〞。浮かない顔をしている私に、小沢室長が声をかけてくれた。

「今晩、そのへんで一杯やらないか」

時折昼飯時に、大手町ビル界隈の定食屋でランチをご馳走になったことはあるが、夜のお誘いは珍しい。連れて行かれたのは、「丸ノ内ホテル」のレストランである。

「あのレポートはなかなか立派だね」

「お読みになりましたか」

「細かい数式まではフォローできなかったけれど、いろいろ面白い応用があるということは分かったよ」

「そうですか。じつは……」

〝論文の中に誤りがあった〟と言いかけて、私は口をつぐんだ。

「このところあまり元気がないようだけど、何かあったのかね」

「そう見えますか」

「気のせいならいいんだけどね」

「実は一週間前に、ウィスコンシン大学の数学研究センターから、客員助教授として一年間招待してくれるという手紙が届きました。でもまだ帰ったばかりですし、子供の教育問題もありますので、どうしようか悩んでいるところです」

「そういうことか」

「どう思われますか」

「個人的には応援したいところだが、所長はわれわれのグループに好意的とは言えないから、どうだろうな」

「アメリカで一人暮らしするは辛いので、断った方がいいと思っているのですが、研究者としてのキャリアを考えると、もったいないような気もするので……」

「ぼくが所長にサウンドしてみようか」

「お願いできますか。ダメと言われればふん切りがつきます」

このとき私は諦めるつもりだった。しかしその直後に、ダンツィク教授の手紙を貰って気が変わった。教授は招待を受けるよう強く勧めていたのである。

所長の反応は予想どおり冷ややかなものだった。〝三年も留守にしていたのに、帰ってすぐまた出かけたいとはどういう料見か。Ph.D.を取ったと思って、いい気になり過ぎている〟。所長の顔には、こういう表情が浮かんでいた。

結局所長は〝無給・休職〟を条件に、ウィスコンシン行きを認めてくれた。給料が出ないのだから、日米二重生活を維持するのは難しい。この結果、「アメリカはもう願い下げよ」と言っていた妻は、再び二人の子供を連れてアメリカに行く羽目になるのである。

12 地獄のウィスコンシン

一九七二年の九月はじめ、われわれ一家は再びアメリカに旅立った。ウィスコンシンの州都であるマディソンは、ミルウォーキーからバスで二時間ほど西に位置する、人口二〇万程度の小都市である。『大草原の小さな家』の作者であるローラ・インガルスの生地まで車で約二時間、しばしば零下三〇度になる酷寒の地である。

こんなところに、家族を連れてきたことを申し訳なく思ったが、妻は一言も愚痴をこぼさなかった。アメリカ嫌いの妻にとって、〝陰鬱な〟マディソンと、〝明るい〟パロアルトの間に大きな違いはなかったのかもしれない。

ウィスコンシン大学は、西海岸のバークレーとともに、全米で最も激しいベトナム反戦運動が吹き荒れた大学である。アメリカ陸軍の資金をもとに運営されている「数学研究センター（ＭＲＣ）」は、泥沼状態に入ったベトナム戦争に反対する過激派学生のターゲットになり、二年前の一九七〇年八月には、キャンパスの中心部にある研究センターの建物が爆破されている。幸い研究スタッフは全員無事だったが、学生の中から二人の死者が出た。

爆破事件のあと、大学当局から厄介者扱いされたMRCは、キャンパスの外れに建設されたビルに〝隔離〟された。一二階建てのビルの入口には、ピストルをぶら下げた警官が常駐し、建物に入るときには身分証明書の提示を求められる。

MRCは六〇年代はじめには、三〇人の専任スタッフと一五人の客員スタッフを擁する大研究所だった。陸軍の寄付金で運営されている研究所であるにもかかわらず、バークレー・ロッサー所長の方針で、軍事研究への協力はスタッフの自主的判断に任された。

この方針のお蔭で、優秀な（応用）数学者が集まったわけだが、ベトナム戦争が始まると、専任研究員は軍事研究への協力を求められるようになった。たとえばフー教授は〝北ベトナムにおける輸送ルートの最適爆撃戦略〟の研究を、メイヤー教授は〝ベトナムにおける最適物資輸送計画〟の研究を担当させられている。

「数学基礎論」という（最も応用から遠い）純粋数学の分野で、数学史に残る業績を上げたロッサー教授は、のちに応用数学に転じた。そして所長に就任してからは、スポンサーの期待に応えるべく、自ら率先して軍事問題に取り組んだ。

ベトナム戦争が泥沼化すると、陸軍はMRCに対して一層積極的な協力を求めるようになった。ここに爆破事件が起こる。この結果多くの研究員がMRCを去った。ローゼン教授はミネソタ大学に、マンガサリアン教授、メイヤー教授らは、新設された計算機科学科に移籍した。

私が赴任したとき、ORや制御工学が専門のスタッフは、五〇代半ばのカールマン教授、四〇代はじめのフー教授、三〇代半ばのロビンソン助教授の三人だけだった。

その他の専任スタッフは三〜四人、学内の協力スタッフは三〜四人、客員スタッフも四〜五人しかいなかった。専任スタッフの大半は、(引きとり手がない) 六〇歳超の大物数学者である。

一般的に言って、数学者の独創性は二〇代にピークを迎え、三〇代に入ると下り坂に入る。夏季休暇を利用して、ミネソタ大学からやってきた四〇代はじめの渋谷教授は、この研究所を〝養老院〟と呼んでいた。

六〇年代には、応用数学のセンター・オブ・エクサレンスだったMRCは、衰退期を迎えていたのである。アメリカの大学は業績評価が厳しいから、歳を取った数学者も二年に一編程度の論文を書いていたが、彼らに画期的な成果を求めるのは現実的でない。

期待されるのは、外部から招聘する客員研究員である。その半数はまだ生産性を維持している斯界の権威、半数は私のような博士号を取ったばかりの若手研究者である。

若い客員研究員は、研究所を辞めたあと(大半の研究者の任期は一年)、いいポストを手に入れたいので必死に研究し、年に二編の論文を書く。生産性が高い若手は任期が一年程度延長される（もしくは一流大学に助教授としてスカウトされる）。生産性が低い研究員は一年でクビになり、二流大学、三流大学に流れていく。

私がMRCに招待されたのは、御大ダンツィク教授の推薦があったからである。また二人目のリン・マクリンデン青年は、ワシントン大学のロッカフェラー教授、三人目のレスリー・トロッター青年もコーネル大学のファルカーソン教授の弟子である。大教授のもとで博士号を取った若者は、年に二編以上の論文を書くことを期待される。

この研究所で私がどれほど苛酷な一年間を過ごしたかは、『工学部ヒラノ教授の青春』（青土社、二〇一四）に詳しく書いたので、ここでは割愛するが、ビューティフルだったはずの博士論文が傷物である上に、半年たっても一編の論文も書かない客員助教授にとって、マディソンはこの世の地獄だった。

うつうつとして暮らしているところに、ペンシルバニア大学に留学中の西田氏から電話がかかってきた。五年前に留学の権利を私に譲ってくれた先輩は、単身赴任条件が撤廃されたのを機に、計量経済学の世界的権威であるローレンス・クライン教授が勤めるペンシルバニア大学に留学したのである。

この人は、経済予測の研究で実績を積んでいたし、すでに三〇代半ばになっていたので、学生ではなく客員研究員の身分を選択した（同じころ、環境問題のパイオニアである天田氏もアーヘン工科大学に、客員研究員として派遣されている）。

「電力中研の西田です。お元気ですか」

「懐かしいですね。どうして私がここにいることが分かったのでしょうか」

「研究所の若い連中から聞きました」

「外山所長の反対を押し切って、また来てしまいました。賛成してくれたのは、資料調査室の斎藤さん、計算機室の小野さんと平本さんくらいです」

「皆さんが反対される気持ちは分かりますが、私はわが道を行くあなたを応援しています。今日は、ご相談したいことがあってお電話しました」

「どんなことでしょう」

「間もなく二年の留学期間が終わるのですが、今やっている研究がまとまるまでには、あと一年くらいかかりそうなので、大沢副所長に留学期間延長を願い出たところ、ダメだと言われてしまいました。日本に帰って続ければいいだろうと言うのですが、アメリカと日本では研究環境が全く違うので、どうしようか迷っているところです」

「それは難しい問題ですね。居残った場合、こちらの大学からなにがしかの資金的サポートは得られるのでしょうか」

「留学生に対する奨学金程度のお金なら、出してもらえると思います」

「そういうことであれば、研究がまとまるまでこちらでやられたらどうでしょう。あなたの研究は、経済研にとって最も重要な課題ですから、粘り強く交渉すれば認めてもらえるのではないでしょうか」

「あなたの場合は、どうなっているのですか」

「私は研究所の役に立たない研究をやっているので、無給の休職扱いです。給料が出ないとなると、家族を日本に残しておくことはできませんので、四年生と一年生の子供たちまで連れてきてしまいました。あなたのところは、まだお子さんが小さいのですから、多少無理をしても、研究がまとまるまでこちらにおられた方がいいのではありませんか」

「分かりました。貴重なアドバイスをありがとうございました。それではいずれまた日本で」

このあと、西田氏がどのような決断を下したかは知らない。しかし、日本に戻ったあとこの人の姿を見た記憶がないから、アメリカに居残ったのではなかろうか（西田氏は数年後に、明星大学に教授として迎えられた）。

日本を発つときの私は、少なくとも二編の論文を書いて、一年間の任期延長を勝ち取るつもりだった。〝外山所長が休職・無給という決定を下したのは、戻ってこなくても構わないと思っている証拠だ。家族の問題はあるが、この際しばらくアメリカに留まり、目覚ましい業績を挙げたあと日本に凱旋しよう――〟。

ところが、この計画は完全に砕け散ってしまった。夢が大きかっただけに、その反動は超ド級だった。いつまで続くとも知れぬ鼠色の空の下で、私の苦悩は深まっていった。

ウィスコンシンの冬は寒い。しかも雪が降ると、キャンパス内の道路は完全に凍結する。そんなわけだから、一旦建物に入ってしまうと、夕方までオフィスに閉じこもり切りになる（最近日本でも増えている〝ひきこもり青年〟である）。

言葉をかけてくれるのは、所長代理のスティーブ・ロビンソン准教授だけだった。この人は、私と同じ年齢ながら、高齢のロッサー所長に代わって、研究所の雑用を一手に引き受けていた。そのような状況の中でも、次々と優れた論文研究を発表しているスーパーマンは、何回か私たち夫婦をディナーに招待してくれた。

そのとき交わした会話から、爆破事件以後、大学理事会のMRCに対する風向きが変わったこと、ロッサー所長は間もなく（詰め腹を切らされて）リタイアすること、そして（生産性が上がらない）高齢の常勤スタッフに手を焼いていることを知った。

一二月末に零下三〇度を記録したあと、一月には零下二八度の寒波が襲った。こんな夜にガス欠やエンストで立ち往生すれば、（携帯電話がないので）たちまち凍死である。二月はじめに再び零下三〇度の寒波に見舞われたが、これが寒さのピークだった。しかし私の心の中は、零下四〇度の寒気が渦巻いていた。

契約が終わる九月までに、少なくても一本の論文を書かなくてはならない。苦労の末まとめた論文を、四月末にフー教授に提出したところ、「このような論文は書かない方がいい」と酷評された（これは研究者に対する究極の侮蔑発言である）。こうして私は、身も心もズタズタになった。

私の博士論文は、まだ専門誌に掲載されていなかったから良かったものの、掲載されていれば大失態として後世に語り伝えられただろう。そしてそうなっていれば、私は酷寒地獄・ウィスコンシンで命を絶っていたかもしれない。

死なないで済んだのは、家族のサポートがあったことと、ウォーターゲート事件で、かつての腹心からも糾弾されているニクソン大統領より、自分の方がましだと思ったからである。

七月になって、経済研の大島氏がマディソンを訪れた。留学先のコーネル大学に向かう途中に立ち寄ってくれたのである。

ウィスコンシンに到着して間もなく、大島氏から留学先について相談を受けたとき、ニューヨーク州イサカにあるコーネル大学を勧めた。ORの世界では、依然としてスタンフォードが王座をキープしていたが、ランド・コーポレーションからファルカーソン教授をスカウトして以来、コーネル大学は世界中から傑出した研究者を呼び集めて、スタンフォードを急追していた。

大島氏が何に関心があるのか分からなかったが、既にピークを打ったスタンフォードより、伸び盛りのコーネルの方がいいと判断したのである。

大島氏から聞く経済研の状況は、あまり芳しいものではなかった。

まずは、二年前に天寿を全うした松永翁の後任として理事長に就任した横山通夫・元中部電力副社長が、早々と松永原則の変更を発表したこと。松永亡きあとも三年くらいは手をつけないだろうと言われていた電力会社は、一年少々で体制刷新に乗り出してきたのである。

横山理事長の最初の大仕事は、慶大の大先輩にあたる松永翁が作った、「産業計画会議」をどうするかである。

この組織は、北大教授から慶大工学部長を経て電力中研に招かれた掘義路理事を議長とし、六人の専任スタッフと産官学界を代表する一二〇人の委員によって構成されるもので、その任務は日本の将来に関する政策提言を行うことである。

松永イズムの拠点となった産業計画会議は、一九五六年から六八年までに一六回の提言を行い、各界の注目を浴びた。その中の「専売公社の廃止」、「国鉄の民営化」、「高速道路の整備」、「東京湾横断道路」などは、高度経済成長の後押しを受けて実現された。

「二一世紀の日本」懸賞論文を書くにあたって、私は専門家の議論をもとにして、事務局長の伊藤剛博士、笠井章弘主任研究員らがまとめた提言に目を通す機会があったが、どれも大変説得力がある内容だった。

高度経済成長に陰りが見られるようになった今、松永イズムをそのままの形で継承するのは難しい。その上、松永氏の片腕として活躍した堀理事も、翁のあとを追うように、飛行機事故で亡くなった（このとき関係者の間では、「松永翁が話し相手として呼び寄せたのではないか」と囁かれた）。

〝産業計画会議は廃止せざるをえない〟。これが横山氏の苦汁の決断だった。このとき各方面から強い反対の声が上がったが、理事長の決意は揺るがなかった。このことを知ったとき私は、〝松永イズムが否定されたからには、電力中研は電力会社よりの研究を一層重視するだろう〟と考えた。

もう一つのニュースは、小野先輩が電力中研を退職して、ソフトウェアハウス「小野事務所」を立ち上げたことである。

ウィスコンシン行きが決まって間もないころ、小野先輩は計算機室から経済研に移籍し、技術経済研究室に所属した。プライドが高い小野先輩は、〝無能な〟大久保計算機室長と犬猿の間柄だった。移籍したのは計算機室にいづらくなったためだろう。

やむを得ず身受けしたものの、小沢室長も小野先輩を持て余していた。私は〝このような状態では、小野先輩はいずれ研究所を辞めることになるだろう。しかし、伝統的にソフトウェアを軽視するわが国で、ソフトウェアハウスが収益を上げるのは容易ではない〟と心配していた。

小野氏は、それまでの実績と人脈を背景に、十分な自信を持って立ち上げたのだろうが、運が悪いことはあるものだ。「小野事務所」は、設立後間もなく発生したオイル・ショックに翻弄されることになるのである。

一九七三年九月末、マディソンをあとにして、日本に戻ったわれわれ一家を待っていたのは、オイル・ショック後の〝狂乱物価〟である。パニックを起こした主婦たちが、トイレットペーパーや洗剤の買い占めに走る中、おろおろしている私とは対照的に、妻は「そのうちどうにかなるわよ」と平然としていた。

結婚当初は、頼りない女だと思ったものだが、アメリカでの厳しい四年間を耐え抜いた妻は性根の座った母親になっていた。

研究所では外山所長が、「電力会社に評価される調査報告書を書くように」と号令をかけていた。もともと、〝研究より調査〟がこの人の持論だったが、ここに〝電力会社に評価される〟という修飾語が加わったのである。

研究論文ではなく、調査報告を書く技術者が目指す道は一つ。管理職として経済研究所長、そしてあわよくば理事待遇になることである。理事待遇になれば、老後を心配せずに暮らすことができる。しかし三三歳の青年は、二五年先のために現在を売り渡す気にはなれなかった。

経済研の同僚や、計算機室に配属された大学の後輩たち――留守にしていた間に、東大と東工大から四人の優秀なエンジニアが送りこまれていた――は、〝調子がいいアメリカ人〟を敬して遠ざけた。

技術経済研究室のメンバーは、室長の小沢氏以下、坂口、大倉両氏と私の四人である。新しく加わった大倉靖夫氏は、小沢氏と昵懇の間柄の関根教授（東大電気工学科）のお弟子さんである。電気・電子工学出身の三人から、完全に浮き上がった私は、いかに身を処すべきか悩んでいた。

こんなところにやって来たのが、大学からのお誘いだった。高橋室長が懸念したとおり、三つの大学がほぼ同時に、スタンフォードPh.D.を引き抜きにかかったのである。

最初に来たのは、新設された筑波大学の電子・情報工学系（計算機科学科）だった。そして一週間もしないうちに、東京近郊の国立大学の政策科学研究科と、都内にある私立大学の経営工学科からもお誘いがあった。

アメリカから戻って半年もしないのに辞めたいといえば、トラブルが起こる。大恩を受けた清水金次郎氏が健在であれば、絶対に辞めるわけにはいかない。しかし、〝休職・無給〟の決定を下した外山所長には特別な義理はない。〝「研究より調査を」と叫んでいる人のもとで働くよりは、研究を続けることができる大学に移籍する方が賢明ではないか〟。

外山所長の代になってから、社会・経済系には四～五人の新人が加わったのに対して、技術系は大倉氏一人だけである。ところが外山所長は、研究をやらなくてもいいと言う一方で、アメリカ帰りの青年に期待していた。経済研で博士号を持っているのは、小沢室長、坂口氏と私の三人だけである。また元日銀マンとしては、（清水前所長が）投下した資本の回収を図る必要があったのだろう。

ここで辞めれば、先輩や同僚に迷惑がかかる。しかしすべての物事には、タイミングがある。では、三つの大学のどれを選ぶべきか。私立大学は担当授業数が多く指導する学生の数も多いから、研究時間が取れない（研究ができないのであれば、移る意味がない）。

東京近郊の国立大は、担当科目数が少なく、相手にするのは大学院生だけだから、十分な研究時間が取れる。通勤も楽である。問題は中央省庁から出向してくる、〝腰かけ教授〟グループとお付き合いしなくてはならないことである。お役人は〝研究者〟ではないから、波長が合わないのではなかろうか。

もう一つの筑波大学は、国が総力を挙げて建設する「新構想大学」で、一般教員は雑用に煩わされることなく、研究・教育に専念できるという。東京教育大学紛争の傷跡を引きずる大学だから、面倒なことが多いかもしれないし、〝陸の孤島〟に建設されるので、不便な生活を強いられるだろう。しかし、最初の数年間だけ我慢すれば、いずれ「国際A級大学」ができ上がるはずだ。

明けて一九七四年の二月、私は大学設置審議会の審査をパスして、筑波大学の計算機科学科に助教授として採用されることが決まった。このことを報告したとき、小沢室長はショックを受けたようだった。

「君の留学延長について議論したとき、高橋さんは『博士号を取ってくればすぐ引き抜かれちゃうからやめた方がいい』と言ったんだが、清水所長が独断で延長を決めたんだ。だからぼくは、来るべきものが来ただけだと思うが、外山所長は怒るだろうな。説得してみるが、うまくいくかどうか分からん」

「ご迷惑をおかけしますが、なにぶんよろしくお願いいたします」

次は高橋室長だが、どう切り出せばいいかと考えあぐねているところに、河村事務局長から電話がかかってきた。外山所長が会いたいという。急いで応接室に出向くと、そこには所長と事務局長が不機嫌な表情で座っていた。

「これはどういうことか」

所長に見せられたのは、筑波大学から届いた〝割愛願い〟だった。大学設置審議会の審査をパスすると、大学から所属機関の長（横山理事長）宛てに、〝この人物を譲り受けたいので、お認め願いたい〟という、紋切り型の文書が送られてくる。

いきなりこのような書類が送られてきたら、所長が激怒するに決まっているから、所内の根回しが終わるまで発送を遅らせてほしい、と頼んであった書類である。

「そこに書いてあるとおりです。まことに申し訳ありませんが、お認めいただけないでしょうか」

「このようなことを認めるわけにはいかない」

「そこのところを何とか」

「認めないと言っているのに、どうしても辞めたいと言うのであれば、懲戒免職にするがそれでもいいか」

「それならそれで仕方がないと思います」

「なんだと、卑怯者！　恥を知れ。懲戒だ、懲戒免職だ！」

あわや懲戒免職かというところに、大学時代の指導教官である森口教授から、驚くべき電話がかかってきた。

「いま通産省から電話しているのだが、最近ウィーンに設立された「応用システム分析研究所（IIASA）」が、君を研究員として招待したいそうだ」

「どういうことでしょうか」

「IIASAは、アメリカとソ連が中心になって、世界的な大問題を解決するために設立した研究所で、ダンツィクさんがリーダーを務める「方法論プロジェクト」に参加してほしいということだ。こんなにいい話は滅多にないから、ぜひ受けるべきだと思う」

「実は、筑波大学から割愛願いが届いたのですが、辞めるなら懲戒免職にすると言われて、困っていたところです」

「それは、電力中研のためにならないのではないかな。日本政府が全面的にバックアップしている、世界的な研究所に招待されるような人を懲戒処分にしたら、研究所の名前に傷がつくだろう。ともかくこの件は私に任せなさい」

このときは知らなかったが、私を筑波大学に推薦してくださったのは、ほかならぬ森口教授だったのである。

このあと何があったのかよく分からない。おそらく森口教授が、ＯＲ学会で付き合いがある佐々木室長と連絡を取り、佐々木室長が小沢室長と協力して、〝体面を重視する〟外山所長を説得してくださったのではなかろうか。

懲戒は免れたものの、所長の怒りは最後まで解けなかった。この結果、〝恩を仇で返した大悪人〟というレッテルを貼られた私は、一九七四年四月に、「二度と研究所の敷居をまたぐな」という怒声を背に、日本の中心地である千代田区大手町から、〝陸の孤島〟に作られた新設大学に移籍したのである。

13　ウィーンの極楽生活

ＩＩＡＳＡは、東西雪解けムードの中で米・ソ両国がリーダーシップを取り、東西一六カ国が協力して世界レベルの大問題――人口、エネルギー、環境、食料問題など――を分析するために設立された研究所である。

所長は、「意思決定理論」の世界的権威である、ハーバード大学のハワード・ライファ教授。「方法論プロジェクト」のリーダーは、「数理計画法の父」でスタンフォード大学のジョージ・ダンツィク教授。そして「エネルギー・プロジェクト」のリーダーは、高速増殖炉専門委員会でしばしば名前を聞いた「カールスルーエ高速増殖炉研究センター」のウォルフ・ヘッフェレ所長。いずれもその分野の泰斗である。

米・ソ両国を別格として、東西一四カ国は、それぞれ二人ないし三人の研究者を派遣することになっていた。日本代表の選考を行うのは、通産省内に設置された「ＩＩＡＳＡ委員会」で、そのメンバーには東大、京大をはじめとする有力大学の大物教授が名を連ねていた。

日本政府は米国の強い要請を受けて土壇場になって参加を決めたものの、外務省が管轄する国連機関に不信感を持っていた通産省は、適当な付き合いで済ませるつもりだった。ところが委員たちは違った。ライファ、ダンツィクという超大物を送りこんだことから見て、米国政府がこの研究所に並々ならぬ期待を寄せていることを感じ取ったからである。

激戦を制して日本代表第一号に選ばれたのは、核燃料サイクルの研究が専門の東大原子力工学科の鈴木篤之助手である。ヘッフェレ帝王の知遇があるこの人は、わが国の原子力界を担うエースである。

この人選から分かるとおり、民間研究機関に勤めるヒラ研究員ごときには、絶対に回ってこないはずのポストである。ところが一九七四年の一月半ば、懲戒免職騒ぎの最中に、ライファ所長から委員会宛てに、私を所長特別枠で招待したいという手紙が届いたのである。プロジェクト・リーダーを引き受けるに当たって、ダンツィク教授がスランプに苦しんでいる青年を、ライファ所長に推薦してくださったのである。

幸い筑波大学での講義が始まるのは、一二月である。そこで、五月はじめに日本を出て、半年間ウィーンに滞在したあと、一旦帰国して教育義務を果たし、翌年また夏休みを挟んで六カ月間出張するということで、関係者の合意が得られた。

ウィーンは一九五五年まで、米英仏露四カ国の共同統治の下にあった。一〇年間の占領が終わった翌年の一九五六年に起こったのが、ハンガリー動乱である。このときブダペストはソ連の戦車隊に蹂躙され、二五万人の難民がオーストリアに流れこんだ。また六八年のチェコ動乱のときも、一六万人の難民がやってきた。あの大騒動からまだ六年にしかならないのだ。

(当時の) ヨーロッパ地図を広げると、オーストリアの東半分は、共産陣営にはみ出した半島になっている。ウィーンから東に車を走らせれば、一時間でチェコとハンガリーの国境に出る。また南に二時間行けば、ユーゴスラビア国境である。

そして時折ウィーン郊外を、ロシア文字(キリル文字)を車体に記したワルシャワ機構の戦車隊が、地響きを立てて通り過ぎていく。つまり一朝事あれば、(ウィーンを含む)オーストリアの東半分は、ソ連圏に組みこまれる恐れがあるのだ。オーストリア政府がIIASAを誘致した理由は、不安定な国際情勢にあった。

米ソ両国が、IIASA設立のための交渉を始めたのは、一九六六年である。冷戦がピークを極めたこの時代、いつ核戦争が起こってもおかしくない状況に置かれていた東西諸国は、戦争を回避するために何らかの対策を講じる必要があった。ここで構想されたのが、東西乗り入れの研究所である。

研究所の名称、拠出金、設立場所、加盟国、研究テーマ、定款などを巡って議論は紛糾し、何度も決裂寸前まで行ったという。実現にこぎつけることができたのは、一九六九年以降のデタント（緊張緩和）政策のおかげで、米ソ関係が好転したためである。

オーストリア政府はＩＩＡＳＡをウィーンに招致するため、最大限の財政援助を行った。マリア・テレジアの居城だったラクセンブルク城を改修して無料で提供しただけでなく、光熱水道料や事務職員の雇用経費などを全額負担した。

威信をかけてこの研究所を成功に導く必要があったアメリカは、優秀なスタッフを送りこんだ。一九七四年当時、アメリカから派遣された二〇人ほどの研究者の中の三大看板は、方法論プロジェクトのジョージ・ダンツィク教授、エネルギー・プロジェクトのチャリング・クープマンス教授（イェール大学、一九七五年度のノーベル経済学賞受賞者）、そして所長のハワード・ライファ教授（ハーバード大学）である。

ダンツィク教授は、様々なシステム分析手法の中で最も実用性が高い「線形計画法」の創始者である。第二次世界大戦直後に考案されたこの方法は、五〇年代以降企業の生産・輸送・資金計画や、国家レベルの経済政策立案に応用され、目覚しい成果を挙げた。

間もなく満六〇歳を迎えるダンツィク教授は、研究者としてのピークは過ぎていたが、卓越した研究実績と名声を考えれば、「方法論プロジェクト」のリーダーとしてこの人が指名されたのは、順当な人選だといえるだろう。

アメリカ人研究者の間では、ユダヤ人を迫害したソ連が大嫌いなことで有名なダンツィク教授がこの仕事を引き受けたのは、ニクソン大統領の直々の要請があったからではないかと囁かれていた。

四つの応用プロジェクトの中で、最も活発な活動を行っていたのは、ヘッフェレ教授が率いるエネルギー・プロジェクトである。

これに先立つ八年前、原子力学会の「高速増殖炉専門委員会」で書記代理を務めた私は、二年にわたって増殖炉開発に生命をかけるプロの口から、ヘッフェレ教授の名前を聞かされ続けた。

この人は、このころ既に〝原子力界の皇帝〟のような存在だったのである。四角で大きい赤ら顔、ビシッと決めた軍服のような背広とブーツからは、高レベル放射線のようなオーラが放射されていた。

エネルギー・プロジェクトには、大物が揃っていた。まずは、アメリカの計量経済学者グループのリーダーであるクープマンス教授と、同じくイェール大学の若手経済学者の中で、ジョセフ・スティグリッツ教授と双璧といわれるウィリアム・ノルドハウス教授。

次いで、クープマンス教授の高弟で、インド経営大学院のT・N・スリニバサン教授、ヘッフェレ皇帝の右腕と言われるルドルフ・アーベンハウス青年。また、東大原子力工学科の鈴木篤之助手も、このプロジェクトのメンバーだった。毛並み・ルックス・才能と三拍子揃ったこのナイスガイは、後に東大教授を経て、政府の「原子力安全委員会」の委員長を務めることになるエリートである。

「方法論プロジェクト」に所属する研究員の任務は、エネルギー・プロジェクト、環境問題プロジェクト、国際河川管理プロジェクトなどの、応用プロジェクトを支援することである。

私が依頼されたのは、スリニバサン教授と協力して、前年に皇帝がスタンフォード大学のアラン・マン教授と共同で開発した、「ヘッフェレ＝マン・モデル」を検証する作業だった。

このモデルは、一九七〇年から二〇一〇年までの四〇年間にわたる世界のエネルギー需要を賄う上で、水力、火力、軽水炉、新型転換炉、高速増殖炉などを組み合わせて、最も安価な発電システムを求めるためのもので、そこでは一九八〇年代に実用化されるはずの高速増殖炉が、決定的な役割を果たすことが示されていた。

皇帝の依頼は、モデルの前提を変更しても、高速増殖炉が果たす役割は変わらないことを検証する作業だった。もちろん、前提条件を大幅に変更すれば結論は変わる。たとえば、低価格ウランが大量に供給されると仮定すれば、高速増殖炉の出番は遅れる。

皇帝の依頼は、前提を〝想定可能な〟範囲で変更した場合、結果がどう変わるかを見てほしいということである。そこで、線形計画法に詳しい私は、当時の最高速計算機ＣＤＣ６６００

を使って計算を行った。

計算は三週間ほどで終わった。石油や低価格ウランの利用可能量、軽水炉や増殖炉の発電価格などに関する八つのパラメータの値を変更しても、一九八〇年代後半に実用化される増殖炉は、順調に発電システムに取り入れられ、二〇一〇年の発電規模は一テラワット、二〇三〇年には軽水炉を上回る水準に達する、という結論は変わらなかった。

依頼主が期待したとおりの結論が出たのである。これで一丁上がりと思ったが、そうは問屋が下ろさなかった。パラメータを少し変えても、高速増殖炉の役割は変わらないが、軽水炉の比率が大きく変化するのである。

依頼主のヘッフェレ教授にとっては、どうでもいい話である。ところが、経済学者であるスリニバサン教授はこの違いを見逃さなかった。少し前提を変えるだけで、なぜこれほど大きな違いが出るのかをはっきりさせたい、というのである。

この結果私は、スリニバサン教授と協力して、ヘッフェレ＝マン・モデルをより精密に分析する作業を行うことになった。最初はシブシブ付き合っていたが、謎は謎を呼び、いつかこの謎解きにはまりこんでいた。二カ月後にすべての謎が解明されたとき、私はそれまでに経験したことがない満足感を味わった。

この研究は、ＩＩＡＳＡが世界の研究者を集めて開催したシンポジウムで発表され、大好評を博した。この結果私の名前は、遠く日本にまで伝わった。

もしIIASAからの招待が一カ月前に来ていたら、あるいは筑波大学からの移籍話が一カ月後に来ていたら、私は筑波大学からではなく、電力中研からこの研究所に派遣され、〝原子力発電の経済性分析〟を行うことになっていたのである。

そして、ライファ所長の求めに応じて、このあと三年にわたって、毎年六カ月ずつエネルギー・プロジェクトに参加することになったのだ。世界的な研究所で、エネルギー問題に関する多くの報告書を書いていれば、私は電力中研のスター研究員になり、四〇歳になる前に主任研究員に昇格していただろう。

〝たられば〟を言っても仕方がないが、もしそうなっていれば、投資の元を取った外山所長は、三年後にやってくるはずだった、筑波大学の（計算機科学科ではなく）社会工学科助教授への移籍を認めてくれたのではなかろうか。そうなっていれば、私は一橋大に移籍した今井賢一教授のように、その後も電力中研と友好的な関係を維持することができたのである。

また、もし私が電力中研に忠誠心を持っていれば、原子力発電に関する様々な文献を調査して、ヘッフェレ＝マン・モデルのような、〝電力会社に評価される〟研究テーマを見つけていたのではないだろうか。この当時であれば、原子力発電へのOR（数理計画法）の応用問題はいくらでもあったのである。

たとえば、七〇年代半ば以来スタンフォード大学では、ダンツィク教授をリーダーとする「PILOT」エネルギー・プロジェクトが、アメリカにおける電力中研というべきEPRI（前出）との協力のもとで進められていたから、このプロジェクトに参加するという選択肢もあった。

それはともかく、四〇年後の現在、IIASA時代の研究を振り返ると、アンビバレントな思いがこみ上げてくる。

ヘッフェレ＝マン・モデルの検証作業は、ヘッフェレ、クープマンス両教授や、〝エネルギー村（もしくは原子力村）〟の住民たちの高い評価を得ることができた。またこの論文が、エネルギー問題の分野で権威がある専門誌に掲載されたあと、私は〝原子力発電の経済性問題〟の専門家とみられるようになった。

ところが、その結論は完全に間違っていたのである。一九八八年に導入されるはずだった増殖炉の開発は、専門家の努力にもかかわらず遅れに遅れた。それは、（当初私が心配した）高温ナトリウム流の制御が技術的に難しかったため、また低価格ウランの埋蔵量が予想以上に多かったためである。

そして、一九七九年のアメリカの「スリーマイル島事件」や、一九八六年のソ連の「チェルノブイリ大惨事」によって、原子力発電に対する信頼が大きく揺らぐ中で、ほとんどの国が高速増殖炉開発から手を引いてしまった。

ヘッフェレ＝マン・モデルによれば、二〇一〇年には総発電量の三〇％を占めるはずだった高速増殖炉は、今や見る影もない。「もんじゅ」の不始末は、高速増殖炉の無残な現実を示している。

ヘッフェレ皇帝が、〝前提条件を少々変える〟と言ったのは、皇帝の主張が覆らない範囲で変更するということであって、それ以上のことを求めたわけではない。プロジェクト・リーダーの〝想定〟を元にして行った研究は、その想定が覆されたあとは、全く意味のないものになってしまったのである。

エンジニアは、世の中の役に立つことを目指して研究を行う生き物である。たとえそれ自体は役に立たなくても、より大きな成功に繋がる可能性があれば、その失敗は許される。しかし、われわれの研究が後世に何かを残したかといえば、答えはノーである。むしろ、高速増殖炉に対する人々の期待を高めることによって、他の技術、たとえば風力発電、太陽光発電、地熱発電などの実用化を遅らせた可能性もある。

物理的なシステムを〝作る〟のではなく、適当な仮定のもとでシステムを〝分析する〟研究は、多くの報告書を書いて大がかりな研究集会を開き、関係者が〝成功した〟と口裏を合わせれば、当面は成功したことになる（このような例は掃いて捨てるほどある）。しかし時が経てば、そのような〝粉飾〟は自ずと明らかになるのである。

ヘッフェレ＝マン・モデルの検証作業を終えたあと、私は同僚のジャン＝ピエール・ポンサール博士に背中を押されて、三年前に書いた博士論文を読み直してみた。そして間違っている定理を取り除いても、発表に値する内容が詰まっていることに気がついた。

その後、二カ月かけて二編の論文を書き、「Mathematical Programming」という一流誌に投稿した。これらの論文は、すんなり審査をパスして、その翌年に掲載された。この結果私は、少しばかり自信を取り戻した。

ウィーン生活は、私の四五年に及ぶ研究生活における大きな転機だった。エネルギー・プロジェクトに携わったおかげで、私は理論研究と応用研究をかけもちする、〝両刀遣い〟のテクニックを身につけることができた。

学界を支配する〝理論上位・応用下位カルチャー〟の中で、理論研究者は応用研究に手を染めることをためらいがちである。なぜなら、応用研究は理論研究のような〝美しい〟論文――理論重視レフェリーの審査をパスする論文――としてまとめるのが難しいからである。

しかし私は、エネルギー・モデルに取り組む過程で、練達の経済学者であるスリニバサン教授から、応用研究を美しい論文にまとめ上げるノウハウを盗み取ることに成功したのである。

もう一つの収穫は、日本から訪れたK教授（東大工学部）の、「一流のエンジニアたるものは、問題が与えられたとき、それをいかにうまく解くかに専念すべきであって、何を解くべきかを考えるエンジニアは二流だ」というご高説を伺っていて、〝大学に勤める研究者は、たとえ二流と呼ばれようとも、枝葉末節の問題解きに関わるべきではない〟という確信を持ったことである。

後年私が、エンジニア集団に白眼視されながらも、ソフトウェア特許反対運動や、金融工学研究推進の旗を振ったのは、このとき手にした教訓のおかげである。

設立当初のＩＩＡＳＡは、世界のセンター・オブ・エクサレンスだった。米ソ協力のもとで設立されたこの研究所には、物珍しさも手伝って、世界中からひっきりなしに有力な研究者が訪れ、セミナーを開いた。

スタンフォードのＯＲ学科が開催するセミナーは、週に一回だった。一方、東工大の経営システム工学科では月に一回、筑波大の計算機科学科では、三年間で一〜二回しか開かれなかった。ところが、ＩＩＡＳＡでは毎週二回以上のセミナーが開催された。

この研究所に滞在した一年の間に、私は二〇人以上のノーベル賞級の研究者の講演を聞いた（内容を理解できないものも多かったが、優れた研究者の謦咳に接しただけでも、大きな収穫になったような気がする）。

ウィーンで過ごした一年を一言でいえば、ウィスコンシンの地獄生活の裏返し、王侯貴族の極楽生活だった。

研究所から支給される給与は、アメリカの有力大学の准教授並み（筑波大助教授の約四倍）、方法論プロジェクトの若手研究員は、すべて後に世界的な研究者になるエース揃い。

マリア・テレジア女王が、マリー・アントワネット王女と夏を過ごしたラクセンブルク城のシャンデリア付きの研究室、スタンフォードのカフェテリアよりはるかに豪華な二〇〇円ランチ（安宅産業の食堂といえども、これには及ばないだろう）。

アパートはウィーン国立歌劇場から三分のところにあって、聖シュテファン教会、ウィーン楽友協会ホールもウォーキング・ディスタンスにある。夜はやることがないので、週二回はオペラ座に通い、それ以外の日はオーストリア・ワインを飲みながら、中央公論社の『世界の歴史』全二四巻――その半分以上はヨーロッパの歴史――を読みふけった。


この時期に、日本から伝わってきた特大ニュースについて書いておこう。

妻から送られてきた週刊誌に掲載された、〝ノアの方舟の伝説は事実だった〟という記事を目にした私は、「とうとうやったか！」と声を上げた。

〝電力中央研究所の高橋実氏が出版した、『灼熱の氷惑星』（原書房、一九七五）が、一〇〇万部に迫る大ベストセラーになっている〟というのである。〝三〇〇〇年の周期で地球に接近する「天体M」から、六〇〇京トンの水塊が地球に降り注いだためノアの洪水が起こり、海面が一〇〇メートル上昇した〟という壮大な理論である。記事によれば、この本の内容については、高名な東大教授がお墨つきを与えているという。

はじめてこの話を聞いたとき、私は世間で言うところの「ト理論（トンデモ理論）」だと思った。しかし、はじめは根拠がないと批判されていたウェゲナーの「大陸流動論」も、今では正統理論として認知されている。

氷惑星問題は、ある微分方程式がカギになると言っていたが、果たしてその方程式は解けたのだろうか。〝森口教授とトップを争ったという才能から見て、もしかしてということもありうるが、自分が関与するような問題ではない〟と考えて見送りを決めたのだが、不明を羞じた私は、高橋室長の快挙（怪挙？）に、ウィーンから喝采を送った（高橋室長は、この本の印税で豪邸を新築したということだ）。

その後長く忘れられていた氷惑星理論は、最近になってノアの方舟の痕跡が見つかったおかげで、見直されているということである。もしこの理論が正しければ、今から一五〇〇年後にもう一度大洪水が起こり、海面がさらに一〇〇メートル上昇する可能性があるわけだ。

高橋室長にはこれ以外にも、さまざまな先見的仕事を頼まれたが、一度もまともな答えを返すことはできなかった。

14　陸の孤島の煉獄

筑波大学における私の任務は、一般教育担当教員として、文系・理系を問わずすべての一年生に対して、情報処理（計算機の利用法）の初歩を教えることだった。一般教育担当教員に与えられる研究費は、専門教育担当教員の三分の一以下で、実験室もなければ、大学院生を指導する権利もない。

私はこの事実を知っていたが、これは一時的な措置であって、三年後に情報学類（計算機科学科）が発足すれば、専門教育担当にコンバートされる手はずになっていた。

もしずっと〝研究しなくてもいい〟一般教育ポストに押しこめられることが分かっていたら、この大学に来ることはなかっただろう。電力中研の方が三割ほど給料が多かったし、研究が保証される別の大学からも就任要請があったからである。

ところが、新しく赴任した教授たちによって、三年後に専門教育担当ポストにコンバートするという約束は反故にされてしまった。しかも、新任教授のほとんどは、四〇代に入ったばかりの、〝おれが、おれが〟の一匹狼である。こうして私は、この大学に留まる限りは、五〇歳を過ぎるまで教授になれないことを知るのである。

ウィーンから帰った五カ月後の一九七五年四月に、古くからの知り合いである渡辺浩教授が、筑波大学社会工学科の教授に就任した。二年前からこの人が、社会工学科・経営工学グループの人事一切を取り仕切っていたのである。

思い出してみれば、筑波移籍のお誘いがあった直後に、渡辺教授から日本橋の「丸善」に呼び出されたことがあった。このときは気がつかなかったが、三年後に開設される「社会工学科」の助教授候補として品定めするためだった。

洋書売り場で落ち合い、近所の喫茶店に入ったが、渡辺教授はコーヒーを飲み終わっても用件を切り出さなかった。痺れを切らした私は、迂闊にも自分の身の振り方について相談した。

計算機科学科から話があることを知った渡辺教授は、別の候補に声をかけた方が賢明だと考えた。筑波大学のステータスを考えれば、来てくれる人はいくらでもいるからである。

もし渡辺教授の意図を知っていたら、私は計算機科学科のオファーを断って、この話に飛びついていたはずだ。なぜなら、社会工学科における私のポストは、（自分の専門である）OR・数理計画法担当の助教授だったからである。

しかも就任時期は一九七七年だから、それまでの三年間は電力中研に留まり、毎年IIASAに出向して、エネルギー・システムの研究を手がけるとともに、世界的研究者との競争・協力の中で、数理計画法の研究に邁進することができたはずだ。こういう時に用意されているのが、〝慌てる乞食は貰いが少ない〟という言葉である。

私は一九七五年以降、毎週七五分講義を六コマ担当させられた。その上、週五回の会議と一〇時間を上回る雑用がある。全部合わせると、週八〇時間働いても足りない。この結果私は、一九七五年秋から八二年春までの六年半を、陸の孤島で〝教育・雑用マシーン〟として暮らすことになったのである。

移籍当時は、次々と論文を書いて一流の研究者になり、外山所長の〝卑怯もの〟発言を跳ね返したいと思っていた。ウィーン滞在中に三編の論文を書いたところで、その軌道に乗ったはずだった。ところがそれから三年あまり、〝泣かず飛ばず〟の生活を送った。この時代のただ一つの成果は、『非線形計画法』(日科技連出版社、一九七九)という教科書を書いたことである。

筑波大学の悲惨な状況は、全国の国立大学関係者に知れ渡っていた。どろんこ道、週に二日しか営業しない商店、養豚場に囲まれた公務員住宅、工事現場さながらのキャンパス、などなど。ウィーンでの貴族生活の裏返しである。

また計算機科学科の内紛や物理集団とのバトルは、計算機科学関係者の嘲笑の対象になった

（このあたりのことは、『工学部ヒラノ助教授の敗戦』（青土社、二〇一二）で詳しく紹介した）。もし筑波の実態を知ったら、外山所長や佐々木室長は、「因果応報だ」と溜飲を下げたのではなかろうか。

ウィーンから戻ってしばらくしたころ、小野先輩から電話がかかってきた。乃木坂にある「小野事務所」は、社長を含めて四人ほどの小さな会社で、その主要業務は、企業の委託を受けて最適化ソフトを作成することである。

「筑波大に移ったんだってね」

「電力中研には迷惑をかけてしまいました。外山所長からは、二度と敷居をまたぐなと怒鳴られました」

「気にしなさんな。君には、いずれうちに来てもらおうと思っていたんだよ。残念なことをしたな。これからは、時々うちの仕事を手伝ってよ」

もしウィスコンシン行きを思い留まっていたら、私は小野先輩が独立する際に誘われていただろう。それまでの関係を考えると、断りきれたかどうか分からない。自由な研究ができる電力中研に誘ってもらった恩義は、限りなく大きい。

「それはもちろんですが、ぼくが役に立つ仕事なんてあるのでしょうか」

「あるある。今度早稲田からいいやつが来てくれたので、勉強会を始めたところだ。君も時々顔を出してくれないかな。交通費くらいは出すからさ」

このあと私は、二カ月に一回ほど小野事務所に顔を出し、数人の若手スタッフと議論を交わした。いずれも優秀な人だったが、事務所の経営は火の車だった。小野先輩は個人資産をつぎこんだが、負債は増える一方だった。

そしてバブル崩壊後の不景気の中で、小野先輩は母親を道連れにして自ら命を絶った。享年六〇歳。遺書には、〝年老いた母親を残して死ぬのは忍びない〟という趣旨の記述があったということだ。

小野先輩の不運の始まりは、修士時代の指導教授である森口教授が、アメリカに長期出張したことである。手紙は往復で一週間以上かかった時代だから、アメリカから学生の指導を行うのは難しい。もし小野氏が博士課程に進んでいたら、このような不幸なことにはならなかっただろう。

森口教授から博士号を授与された学生は、課程博士を含めても一〇人に満たない。森口教授は、二一歳で講師になってから、六〇歳まで四〇年間東大に勤めたのだから、四年に一人以下ということである。

私が工学部に進学したとき、数理工学コースに入った学生の大半は、理科一類五〇〇人の学生の中で上位五〇位に入る人たちだった。つまりここには、日本でも選りすぐりの秀才が集まっていたのである。

定年を前にして森口教授は、かつての学生たちに博士号を取るよう勧めていた。しかし、この勧めに応じたのは、私を含めて二～三人だった。秀才たちの中には、東大以外の大学で博士号を取った人もいるが、最後まで博士号を取れなかった人は、森口教授が一〇年早く条件を緩和してくれたら苦労せずに済んだ、と思っただろう。

かつての上司である三木良平氏も、博士号がなかったばかりに恵まれない晩年を送った。この人には才能はもちろん、五年間の学業生活を裏づける財力もあった。しかし、同期に大山彰氏（のちの東大教授）という、才能・毛並みともに三木氏を上回る大秀才がいたため、博士課程に進むことを諦めたのである。

博士号がなかったため、三木さんは出向先の財団法人で責任あるポストに就くことはできなかった。そして五〇歳を迎えて間もなく電力中研に戻ったが、その後は恵まれない時間を過ごした。

もしずっと電力中研に勤めていれば、高橋氏と同様理事待遇ポストに就いていただろう。またもし博士号を持っていたら、しかるべき大学に教授として迎えられていただろう。ところが一九七〇年代に入ってからは（理工系の大学では）、博士号がなければ助教授にすらなれなくなったのである。

博士号がなかったために辛い生活を送った人は、小野、三木両氏だけではない。若くして一流大学の助教授になったものの、定年直前まで教授になれなかった人や、やむを得ず（博士号を要求しない）二流研究機関に移籍した人は、私が知るだけでも三人いる。

久しぶりに小沢室長から電話がかかってきたのは、一九七七年はじめである。

「筑波は大変なんだってね」

「大変なんてものじゃありません。道路は泥んこだしお店はないし、住んでいるのは公務員とお百姓さんだけという、文化果つるところです。それに、計算機科学科は内紛続きの上に、物理帝国がポストを奪いにきたので、研究なんかやっていられる状態ではありません」

「そんなにひどいのか」

「因果応報です」

「そんなことを言わずに、頑張ってくださいな。実は、大島君がコーネルに行ってから、そろそろ三年になるのだが、留学期間を一年延長してもらえないかと言ってきたので、困っているんだ」

「もうそんなになりますかね」

「指導教官が代わった影響で、あと一年くらいはかかりそうだって言うんだな。しかし、外山所長は難色を示しているし、本当に一年で博士号が取れるかどうか分からないので、君の意見を聞いてみたいと思って電話したんだ」

大島氏の指導教官であるファルカーソン教授は、私の師であるダンツィク教授の盟友で、ネットワーク・フロー理論の創始者として名高いスター教授である。ところが、長年にわたって取り組んでいた難問を、ハンガリー出身の若者に易々と解かれてしまったショックに個人的な問題が重なって、五〇歳を迎える直前に自ら命を絶った。

このことを知ったとき、私はマディソンの冬を思い出した。コーネル大学があるイサカの冬は、マディソン同様寒くて陰鬱だから、一旦落ちこむと限りなく落ちていく（コーネルでなく、一年中初夏のようなスタンフォードだったら、命を絶つことはなかったのではなかろうか）。

「大島君は、相当なショックを受けたでしょうね。ぼくの場合は、ダンツィク先生がなくなっていたら、三年で博士号を取れなかったでしょう。しかし、現在の指導教官であるトロッター助教授（ウィスコンシン大学のＭＲＣに来ることになっていたが、コーネル大学の助教授に迎えられたので辞退した幸運な人物）は、ファルカーソン教授の直弟子ですから、研究テーマを変更する必要はないでしょう」

「不幸中の幸いということだな」

「そのあたりを考えると、一年以内に終わる可能性は八〇％くらいではないでしょうか」

「うーん。二〇％くらい取れない可能性もあるということか」

「一〇〇％確実とは言えないでしょうね。でもぼくがそうだったように、死ぬ気になって頑張れば取れるのではないでしょうか。博士号が取れるかどうかは一生の問題ですから、延長して頂けないでしょうか」

「取っても、君のようにすぐ辞められると困るけどネ。しかし、こんなところに長居してもろくなことはないから、早晩出て行っちまうだろうな。実はぼくも外山所長とうまくいかないので、定年前に辞めようと思っているところだ。もちろんいい口があれば、の話だけどね」

結局一年間の留学延長を認められた大島氏は、渡米してから四年弱で博士号を取った。帰国後は、三年あまり電力中研にご奉公したあと、国立S大にトラバーユしたが、このときは大きな問題にならなかったらしい。優秀な研究員が次々と大学に転出していたし、私のケースより多少はましだったからではなかろうか。

このころになると、企業からアメリカのビジネス・スクールに派遣されてMBAを取得したあと、すぐに外資系企業にトラバーユする人が急増した。このため留学にあたって、〝帰国後、最低N年は在職すること。規定よりも早く退職する場合には、留学経費を返還すること〟という規定を設ける企業が多くなった。これは営利企業としては当然の措置である。

では、電力中研のような非営利組織の場合はどうか。このところ、お役所ですら企業と同様の規定を設けるようになったから、今なら留学経費の返還を求められていたのではなかろうか。もし右に記したNが、留学期間と同じ三だったら、返済能力がない私は三年間電力中研に留まっただろう。そして毎年ＩＩＡＳＡで優雅な生活をエンジョイしたあと、筑波大学社会工学科に移籍していたのではなかろうか。そうなっていれば、計算機科学科のごたごたに巻きこまれずに済んだわけだが、その代わりに筑波で一生を終えた可能性が高い。

一ドル三六〇円だった六〇年代と違って、現在ではアメリカ留学に伴う一年あたりの学費及び滞在費は、五〇〇万円プラス・アルファである（州立大学の場合は、もっと少ない）。五〇〇万円は高すぎるという見方もあるが、一九六〇年代に比べれば、円換算で五分の一に過ぎない。

必死で勉強すれば、二年目以降は大学から給付奨学金を貰うことができるから、五〇〇万円の自己資金があれば博士号が取れるのである。アメリカの一流大学で博士号を取れば、五〇〇万の借金を返済するのは難しくない（シリコンバレーにおける計算機科学関係Ｐｈ．Ｄ．の初任給は、一〇〇〇万円以上だと言われている）。

あれから半世紀の間に、日本の大学はアメリカの大学に大きな差をつけられてしまった。アメリカの一流大学で学ぶ効用が増大する一方で、その相対的コストが減少したことを考えれば、ある程度の才能と学力、一日一四時間の勉強に耐えられる体力と根性、そして初期投資五〇〇万円の余裕がある人は、アメリカの一流大学の大学院に留学しても損はしないはずだ。

私でも三年弱で博士号が取れたのだから、小野、中村両先輩のような大秀才であれば、二年で取れたのではなかろうか。

スタンフォードのOR学科には、世界各地からエースたちが集まっていた。しかし、東大の数理工学コースには、彼らと遜色ない秀才が揃っていた。彼らがアメリカの一流大学で体系的なトレーニングを受け、世界各地から集まった秀才たちと切磋琢磨していれば、世界的な研究者になっていただろう。

このような状況の中で、富裕層の間では優秀な子弟を、高校卒業後にアメリカの有力大学に留学させるのが流行になっている。しかし、高校を出てすぐアメリカに留学し、大学を卒業するまでアメリカで暮らせば、間違いなくアメリカ人になる。

私の経験からすると、帰国後日本人に戻ることができるか否かの境目は三年である。アメリカ人になってしまった人の大半は、卒業後もアメリカに留まる。日本に戻った人は、日本がいかにアメリカに遅れているかを吹聴して、日本人をミスリードする。残念なことだが、これが〝不都合な真実〟なのである（不都合だと思わない人は日本人ではない）。

（博士号を持っていた）小沢室長は大島氏が転出したあと間もなく千葉工大に、また坂口氏は専修大に移籍した。かくして、経済研究所の理工系スタッフは、大島氏が辞めるのと相前後して入所した、東大原子力工学科出身の山地憲治博士一人だけになってしまった（大倉氏は早々と調査重視・研究軽視の経済研究所に見切りをつけ、技術研究所に移籍した。また山地氏も数年後に東大に戻った）。辞めたのは理工系の研究者だけではなかった。全共闘の闘士・佐藤氏は立正大に、二度目の正直でペンシルバニア大に留学した西田氏は明星大に、そしてアーヘン工科大に留学した天田氏は山形大に転出した。

さらに斎藤室長が急死して間もなく、社会学者の長井氏は東大に、経営学者の大川氏は富山大に転出した。これらの人は博士号を持っていなかったが、文系の世界では今でも博士号がない教授は珍しくない。

計算機室（のちの情報研究所）の仲間たちも、次々と大学に移籍した。中村氏は甲南大に、寺野氏は東工大に、大室氏は国士館大に。

松永安左エ門翁は、「大手町研究所」を創設するにあたって、アメリカのシンクタンクについて詳しい調査を行っているが、私が入所した一九六五年時点の「計算機室」と「産業計画会議」は、（日本ではじめての）シンクタンクと呼ぶにふさわしい条件を満たしていた。

産業計画会議が行った一連の政策提言は、日本の高度成長戦略に影響を及ぼしたし、計算機室に集まった優秀な人材は、電力中研の技術部門の研究に貢献しただけでなく、電力会社の情報化戦略の立案と実施にあたって重要な役割を果たした。

第二次世界大戦後、アメリカ空軍は軍の作戦立案に貢献したＯＲ（作戦研究）の専門家を温存するために、自由で住み心地のいい研究環境を用意した。「ランド・コーポレーション」に引き寄せられた二〇人あまりの数理科学者は、競争的・協調的関係の中で、数々の革新的研究成果を生み出した（すでに述べたとおり、この中から五人のノーベル賞受賞者が出ている）。

松永翁の意図は、一九五〇年代のランド・コーポレーションのような研究所を作ることにあった。集まった研究者は玉石混交だったが、今井賢一氏、矢野昭氏、高橋実氏、三木良平氏、小野勝章氏、中村智治氏らは、この時代を代表する粒よりの人材だった。また私より後に計算機室に配属された人々の中にも、大勢の優秀な研究者が含まれていた。

研究所の運営にあたって最も大事なことは、〝臨界量〟を超える優秀な人を集めて切磋琢磨させること、そして彼らを奮い立たせるモチベーションを与えることである。

「ＡＴ＆Ｔベル研究所」、「ランド・コーポレーション」、設立当初の「ウィスコンシン大学・数学研究センター」、「国際応用システム研究所」、そして電力中研の「技術研究所」はこの条件を満たしていた。

では電力中研の大手町研究所（のちの経済研究所）はどうかと言えば、臨界量を超える研究者が集まったが、残念なことに十分なモチベーションが与えられたとは言い難い。

彼らの中で、電力会社の役に立つ研究にモチベーションを持つ人は電力中研に留まり、電力会社で、そして学会でも評価される成果を挙げた。一方、電力会社のための研究・調査という制約から離れて、より一般的な研究を志向する研究者は大学に転出した。

折から、一九六〇年代以降の理工系大学大拡充によって、大学教授ポストは三倍に増えた。これらのポストを充足するために、国や民間の研究所から多くの人材が大学にスカウトされたのである。

15　大手町ビル七三六号室再び

「二度と敷居をまたぐな」という外山所長の怒声を背に筑波大学に移った私は、画期的な業績を挙げて、国際A級研究者の仲間入りを果たすまでは、大手町ビルに足を踏み入れないつもりだった。

ウィーン出向中に三編の論文を発表して、上昇軌道に乗ったと思ったのも束の間、その後四年間を〝教育・雑務マシーン〟として過ごすうちに、私はC級助教授になり下がってしまった。

C級助教授は、透明人間になることを防ぐべく、二冊の教科書と一冊の翻訳書を出した。つまり私は、六年にわたって研究者ではなく、外山所長が推奨する〝調査マン〟生活を送ったのである。

退職後はじめて電力中研を訪れたのは、アンドリュー・ウィンストン教授（パデュー大学）の講演にあたって通訳を頼まれた一九七八年である。のちに電子商取引研究の世界的権威になるウィンストン教授とは、ＩＩＡＳＡ時代にオフィスをシェアして以来の友人なので、断り切れずに引き受けたのだが、Ｃ級助教授は大手町ビルを前にして足がすくんだ。

講演会場には、「情報研究所（計算機室の後身）」のメンバーに混じって、佐々木氏も顔を見せた。情報研究所の所長を経て、（事務局のトップである）総務部長を務める佐々木氏は、東大の森口教授や東工大の森村教授らと親交を結び、ＯＲ学会の中で一目置かれる存在になっていた。

ＯＲ学会を主たる土俵として活動する私は、研究発表会でしばしば佐々木氏と顔を合わせたが、目を合わせないように注意していた。しかし、その後間もなく、そう言ってはいられない出来事が発生した。

筑波大から東工大に移って二年後の一九八四年はじめに、ＯＲ学会の庶務理事を務める「電力計算センター」（電力中研の子会社）の役員を務める平本巌氏から、「頼みたいことがあるので会えないか」という電話がかかってきた。四つ年上のこの人は、筑波に移ってからも友好的に付き合ってくれた数少ない友人の一人である。

「お忙しいところをお呼び立てして、申し訳ありません」

「お声をかけて頂き、ありがとうございました。今日はどのようなご用件でしょうか」

「来年度から、ＯＲ学会の研究普及理事を引き受けていただけないでしょうか」

「ぼくは佐々木副会長に睨まれているので……」

「佐々木さんもこの件については了承しています。よろしくお願いしたいとのことでした」

「そうですか」

「いまや天下の東工大教授になられたのですから、昔のことを気にすることはありません。どのようなことにも時効があるのです。研究普及理事も、ぜひあなたにお願いしたいと申しております」

翌年五月に理事に就任してから、佐々木氏や電力中研のかつての同僚との付き合いが復活したが、後ろめたさは消えなかった。平本氏は時効だと言ったが、同僚の中には、うまい汁を吸ったずるいやつだと思っている人もいるだろう。

計算機室のメンバーには、希望すれば海外の研究機関で研究するチャンスが与えられたが、学生として海外の大学に留学した人はいなかった。また経済研でも、大島氏を最後に、海外の大学に留学する場合は一年半までとする、という条件が課された。

冒頭に書いたとおり、私は電力中研に入所する前から、〝ここは一時的な避難場所に過ぎない。松永翁が健在なうちに実力をつけ、いずれどこかの大学に拾ってもらおう〟と考えていた。清水所長は、このような〝忠誠心のかけらもない〟ひよこに最高の餌を与えて、一人前の鶏に育ててくれた。

ところがせっかく育てた鶏は、ほとんど卵を産まずに飛び去ってしまった。因果応報、罪深い鶏は、筑波大学という煉獄で瀕死の七年を過ごした（筑波煉獄はウィスコンシン地獄よりはましだった）。

このあと運よく東工大に引き取られた鶏は、いくつかの卵を産んだ。最も大きな卵は、日本ではじめての金融工学の研究拠点「理財工学研究センター」を設立したことである。このセンターは先駆的業績を挙げ、世界的な注目を集めた。

ところがいくつもの不運が重なったため、五年後には実質的に廃止の憂き目にあった。当初八人でスタートする計画が、四人に減らされたのが最大の原因である。大学当局の自己規制のため、また同じ時期に東大が全く同じ構想の研究センター設立に動いたためであるが、もし八人でスタートしていれば、このようなことにはならなかっただろう。一言で言えば、このセンターは〝臨界条件〟を満たしていなかったのである。

二〇〇四年の春、私は日本ＯＲ学会の会長に選出された。理工系学会の多くが、産業界の衰退と歩調を合わせて長期低迷を続ける中で、ＯＲ学会も会員減少に伴う財政問題に悩まされていた。

二カ月に一回の頻度で開催される理事会は、九〇年代半ばまで東大の赤門わきにある学士会館分館の会議室を時間借りしていた。ところが二一世紀に入ると、経費削減のため都心にある企業の会議室を拝借するのが慣例になった。

しかし、今や企業も火の車である。タダで会議室を提供してくれるのは、ＯＲ学会員が枢要なポストを占めている一握りの企業だけである。その中で、都心にあって、いまなお多くのＯＲ学会員を擁する電力中研は、最も頼みやすい企業だった。

この結果、私は二カ月に一度、大手町ビルの七三六号室（かつて「原子力発電研究室」に割り当てられていた部屋!!）で、ＯＲ学会理事会の司会役を務めることになった。

六〇年前に建てられたかつての最先端ビルは、老朽化が進んでいた。超高層ビルが立ち並ぶ大手町界隈で、突出して時代遅れの老朽戦艦は、周囲を三本の地下鉄で囲まれているため、改築は容易でない（建物の所有者である三菱地所は、二〇一八年二月に、本格的な補修を行って一〇〇年間使用する計画を発表した）。

先輩たちの多くはすでに鬼籍に入り、同僚もすべて定年で研究所を去った。また後輩の多くも大学などに転出したので、知り合いはほとんどいなくなった。しかし、今は亡き外山所長、高橋室長、佐々木部長は、三〇年ぶりに戻ってきた忠誠心がない男をどのように迎えるだろうか。

私はしばしば理事会前日になると、神経性の下痢を起こした。それは大嫌いな飛行機に乗る前日と同じ症状だった。

誰にでも他人に知られたくない過去がある。人はそれを〝黒歴史〟と呼ぶ。私にとって最大の黒歴史は、お世話になった電力中研を〝足蹴にした〟ことである。その後私は筑波大で六年半の刑に服した。しかし外山所長は、それでも許してくれなかっただろう。

16 ギャング・オブ・フォー

大学にトラバーユした〝ギャング・オブ・フォー〟、すなわち小沢、坂口、大島の三氏と私の四人は、九〇年代に入ってから毎年、池袋の「しゃぶ禅」で忘年会を開いた。ここで話題に上るのは、外山氏が所長に就任する前の経済研の〝おおらかな〟研究環境である。

経済研の清水所長は、研究という営みに携わったことはなかった。しかし、自分の限界をわきまえ、研究員という扱いにくい人たちの意見によく耳を傾けた。時折調子外れのラッパを吹くこともあったが、短期的な成果をプッシュすることはなかった（だから研究員はこの人を支持していた）。もし病気にならなければ、私は清水氏が辞めるまで研究所に留まり、一つか二つの卵を産むよう努力したのではないだろうか。

一方、後任の外山所長は、日銀時代に何編かの論文（調査報告と評論）を書いた経験があったためか、研究員を自分の基準に合わせようとした。性急な成果を求めたのは、電力会社出身の清水所長と違って、理事会で浮き上がっていたためだろう。私の不在中のことは伝聞に過ぎないが、この人は高橋室長、小沢室長をはじめ、ほとんどすべての研究員と対立していたということだ。

松永翁が亡くなるまでの大手町研究所は、翁の方針に従って、時間管理が緩やかだった。また研究管理も緩やかだったから、研究員は半分以上の時間を自分の好きな研究に充てることができた（私は自由すぎて、これといった研究成果を生み出すことはできなかったが）。

松永翁が亡くなったあと、電力会社の発言力が強まったため、大手町地区も研究管理と時間管理が強化された。それでも研究員たちは潤沢な研究費を使って、一般企業の研究者より恵まれた生活を送った。既に書いたとおり、研究実績を認められて大学に迎えられた人も多い。

八〇年代半ばになると、国立大学では一般教育の大綱化、大学院重点化、留学生一〇万人計画などの嵐が吹き荒れた。この嵐は二一世紀に入っても衰えなかった。そして、二〇〇四年に実施された独立法人化以降、国立大学の研究環境は年を追うごとに劣化した（私立大学も同様である）。

研究費の削減、給与の削減、事務職員の削減、雑用（研究や教育とは関係がない仕事）の激増などの影響で教員の疲弊が進んだ結果、最近は大学を去る研究者が目だっている。彼らのトラバーユ先は、海外の有力大学や研究機関、ベンチャー企業の研究所などである。

二一世紀に入って、日本人のノーベル賞（物理学、化学、医学・生理学）受賞が続いているのは喜ぶべきことである。しかしこれらの多くは、数十年前の業績に与えられたものである。

政府は今後一〇年の間に、世界のベスト一〇〇に入る大学を一〇まで増やすと宣言した。しかし、これをまともに受け取る大学人はいない。むしろこのままの傾向が続けば、一〇年後にベスト一〇〇に残る日本の大学は、一つか二つになるのではないかと危惧されている（早くも二〇一七年にはそうなってしまった）。

一方電力中研は、一九七〇年代以降も電力売上の伸びに連動して、豊富な研究費が提供された。この結果二一世紀に入ると、大学に移籍するより電力中研で研究生活を全うする方が有利な時代がやってきた。

この時点で研究員にアンケートを取れば、「研究環境に満足している。そしてこれから先もこの研究所で仕事を続けたい」と答える人が多かったのではなかろうか。まことに電力中研は（二〇一一年に大震災が起こるまでは）、他に類がない民間シンクタンクだったのである。

ギャング・オブ・フォーの忘年会で必ず話題に上るのは、今野・大島コンビの〝不始末〟に関わる小沢氏の苦労話である。では二人のどちらが、より多くの迷惑をかけたのか。今度お目にかかったら、ぜひ聞いてみたいと思っているが、戻ってくる言葉は、「君に決まっているよ」

と「五十歩百歩」のどちらだろうか。

また時折話が出るのは、経済研を見限って技術研究所に移籍したあと、不遇な生活を送った大倉氏と、アメリカに留学したあと音信不通になった佐橋忠夫氏のことである。

ウィスコンシン行きが決まって間もないころ、スタンフォードで同期だった大蔵省勤めの石橋氏の義弟と称する佐橋青年が、大手町ビルに私を訪ねてきた。翌年東大の数学科を卒業するので、経済研に入れてもらいたいと言う。

専門が数学なら、計算機室の方が向いていると思ったが、経済研の方がいいと言うので、小川室長に話をつないだ。室長の反応は予想どおりだった。

「外山所長は、今後社会・経済系の研究を重視する方針だし、修士ならともかく、学部卒では難しいのではないか」。七〇年代に入るころから、理工系の研究者を採用する際には、修士号を持っていることが暗黙の条件になったのである。

どのような手を使ったか知らないが、この青年は首尾よく入所を果たした。そして半年もしないうちに、「プリンストン大学に留学させてほしい」と申し出た。大蔵省に入ったその年にスタンフォード大学に留学した義兄から、「経済研に入ればアメリカに留学できる」とインプットされたのだろう。

しかし、入所してから半年にもならないのだから、誰が考えても早すぎる。私が留学したのは入所から三年半後だったし、大島氏の場合も二年半後である。ところが佐橋青年は、小沢室長の説得に応じなかった。

「数学者は二〇代が勝負です。世界最高峰のプリンストン大学数学科に合格したのだから、認めてください」

外山所長の裁定は、私のウィスコンシン行きのときと同様、〝休職・無給〟だった。これに憤慨した佐橋青年は、小沢室長の制止を振り切ってプリンストンに留学したあと、音信不通になった。小沢氏は、よほど腹にすえかねたのだろう。酒が入ると、「あいつには参ったよ」と愚痴をこぼした。

この原稿をまとめるにあたって、私は佐橋青年がその後どうなったか調べてみた。二一世紀に入って間もなくグーグル社が立ち上げたインターネット・サイト、「グーグル・スカラー」を検索すると、世界中の研究者が、〝いつどのジャーナルに、どのような論文を発表したか〟が分かるようになった。また、著者がどの組織に所属しているかも分かる。

もし佐橋青年が、プリンストン大学で博士号を取ったあと、しかるべき研究機関のポストを得たのであれば、必ず検索に引っかかる。分かったのは、留学後一五年目の一九八九年に、〝大規模連立一次方程式の解法〟に関する論文で博士号を取ったが、その後は一編の論文も書いていないという事実だった。

スタンフォード時代の知り合いで、博士課程滞在最長記録保持者は、政治学が専門のK氏と、ORが専門の鳩山由紀夫元総理の七年である。〝博士候補生〟という資格の有効期限は、通常五年である。手続きを踏めば、何年か延長することは可能かもしれないが、一五年はあまりにも長い。

大蔵官僚は、名門の令嬢と結婚して箔をつける人種だから、佐橋氏の実家は資産家である可能性が高い。したがって、三年分の留学費用（一〇〇〇万円くらい）はどうにかなったとしても、一五年となるとどうか。

〝苦学力行〟の末に博士号を取ったものの、その後一編の論文も書いていないことからすると、大学やまともな研究機関のポストを手にすることはできなかったのだ。四〇歳近くなって日本に戻ったとしても、実績がない研究者を雇ってくれる研究機関があったとは思えない。

アメリカには、博士号を持つタクシー・ドライバーが大勢いるが、これは考えるだけでも恐ろしいことである。他人ごとではない。私にもこのようなことになっていた可能性は十分あった。

もし清水所長が留学延長命令を下していなかったら、そして高橋室長の指示を無視してアメリカに居座り、五年経っても博士号が取れなかったら、資産家の倅ではない私はどうなっていただろうか。

また資格試験に合格したところで帰国していたら、博士号は取れなかっただろう。私が知る限り、スタンフォードで博士候補生になったあと、日本に戻って博士号を取った人は一人もいない。

同じことは、大島氏にも当てはまる。二人ともきわどいところで、博士号がない研究者として惨めな一生を送らずに済んだのである。

17　二一世紀の電力中研

電力売上は経済成長と連動して伸び続けたから、電力中研への給付金も順調に増えて行った。オイル・ショック後の電気料金値上げに伴って、給付金が急増したことに驚いた電力会社は、曾呂利新左衛門の〝総売上高の〇・二％〟という取り決めの変更を目論んだ。しかし、歴代理事長の努力が功を奏して、この制度は維持された。

八〇年代に起こった労使紛争は、研究活動にかなりの影響を与えたということだが、東電から電力中研に転出した敏腕理事長の手で収拾されてからは、再び順調な発展を続けた。

九〇年代に入ってバブルが崩壊したあと、わが国が〝失われた二〇年〟を経験する中でも、電力売上は増え続けた。一九七五年から二〇〇五年までの三〇年の間に、実に四倍になったのである。

この結果、電力中研の二〇一〇年度の年間予算は三三九億円に達した。私が入所した一九六五年の四〇倍以上である。また研究者の数も、二〇〇人強から七〇〇人に増えた。その中の三〇〇人以上が博士号保有者である。

わが国を代表するセンター・オブ・エクサレンス「理化学研究所」の二〇一四年度の総予算は八三四億円、スタッフ総数は約三〇〇〇人である。しかし、その大半は二〜三年の任期つき研究者である。研究員一人当たりの予算で比べると、電力中研は理化学研究所の約二倍である。

高度成長時代、民間企業は次々と研究所を設立した。当時東工大の学長を務めていた末松安晴博士は、「企業はあてにならない。景気が悪くなるとたちまち研究所を潰すから」と言っていたが、バブル崩壊とともに体力を失った企業は、研究所の統合や廃止を繰り返した。そのような状況の中でも、電力中研は順調に成長を続けたのである。

電気（一〇九人）、土木（一〇三人）、機械（九六人）、化学（六九人）、生物（五六人）、原子力（四三人）、環境（四〇人）、情報通信（三六人）に加えて、社会・経済系にも四九人の人材を擁するシンクタンク・電力中研は、電力業界だけでなく、学界においても重きをなす存在になった。

二一世紀はじめに、天皇・皇后両陛下が「生物環境技術研究所」（かつての「農電研究所」）を見学に訪れたことは、研究レベルの高さを証明している。

電力、土木、機械など、技術系の研究者の場合、自分がやりたい研究と電力会社の役に立つ研究の間に、大きな乖離はなかった。また電力会社から次々と新しい問題が提供されたから、彼らはいつでも時代にマッチした研究をやることができた。

研究者志望の理工系大学院生を対象とするアンケートに基づく、〝就職先偏差値ランキング〟によれば、電力中研は二〇〇九年度には、「Ｇｏｏｇｌｅ研究所」に次いで、「ＩＢＭ東京基礎研究所」、「豊田中央研究所」、「宇宙航空研究開発機構（ＪＡＸＡ）」と同ランクに位置づけられている。学生から見ると、任期制（ほとんどは数年間）の理化学研究所より、安定した環境で研究できる電力中研の方が人気が高いのである。

今から二〇年近く前のことだが、私は東工大・情報科学科の修士課程を卒業する学生から、次のような相談を受けたことがあった。

「ＩＢＭ東京基礎研究所と電力中研の両方に受かったのですが、（かつて通産省に勤めていた）父親が、電力中研の方が絶対にいいと言っているので、（かつて電力中研に勤めていた）先生のご意見を聞かせて頂けませんか」

計算機科学の世界では、ＩＢＭの方が電力中研より上だと思っていた私は、ＩＢＭを勧めた。この青年がどちらを選んだかは知らない。しかし、電力中研には大変失礼なことをしたものである。

優秀な研究スタッフ、充実した研究設備、潤沢な研究費、恵まれた待遇を誇る電力中研は、一九六〇年代のように、コネだけでは絶対に入れてもらえない、超一流の研究所に育ったのである。

学生の評価はあてにならないかと言えば、そうでもない。最近の学生は就職先をよく調べている。〝みんなの評価は案外正しい〟という言葉があるように、大勢の研究者志向の学生が下した評価は、研究所の実態を反映しているのである。

二一世紀を迎えるにあたって電力中研は、〝世界のセンター・オブ・エクサレンスを目指す〟と宣言したが、少なくともその一角を占めるようになったのである。

若い研究者は、雑用に煩わされることなく、研究一筋のキャリアを全うしたいと考える。しかし、定年まで研究の第一線に留まるのは容易でない。

ノーベル物理学賞を受賞した江崎玲於奈博士（筑波大学元学長）は、〝理工系研究者の研究能力は、四五歳でピークを迎えたあと次第に低下し、七〇歳でゼロになる〟と言っているが、私もこの意見に概ね同意する。つまり三〇代から四〇代の研究者の方が、五〇歳以上の高齢者より生産性が高いのである。

先ごろ亡くなった渡部昇一氏（上智大名誉教授）は、「五〇歳を超えた工学部教授は、（自らは相撲を取らない）相撲部屋の親方のようなものだ」と喝破した。〝シニア教授は、若者を搾取して不当な業績稼ぎをしている〟と言いたいのだろうが、それは少し違う。

工学部のシニア教授は、自らプログラム書きや実験はやらない。その一方で、それまでの研究実績に裏づけられた知識と見識を武器にして、若い学生たちとともに世界を相手に戦っているのである。

私のように、留学から帰ってすぐに辞めるのは論外だが、シニア研究者が大学に転出するのは、研究者本人だけでなく研究所にとっても望ましいことである。大学に移籍した研究者は、共同研究や人材提供を通じて、研究所に貢献することができるからである。

例えば、一橋大学に移籍した今井賢一教授（経営学）は、経済研の求めに応じて様々なアドバイスを与えたし、東工大に転出した寺野隆雄教授（システム工学）や東大に迎えられた山地憲治教授（環境工学）は、転出後も協同研究や研究指導を通じて、電力中研に多大な貢献を果たしている。

設立五〇周年に当たる二〇〇一年に発行された、『技ありて未来あり　人ありて技あり』というパンフレットを見ると、電力中研は一九九〇年代以降も、電気事業のための研究だけでなく、国の役に立つ研究を行ってきたことが分かる。

二一世紀に入ってからは、従来からの研究（経済、社会、電気、土木、建築、機械、化学、生物、情報、原子力、環境）に加えて、生物科学、材料科学、計算科学などへの新規展開を行い、「超・シンクタンク」への道を歩んできた。

高橋室長が「アメリカの一流大学で博士号を取ってくれば、すぐに引き抜かれるから、留学延長は認めるべきではない」と主張したとおり、今野・大島の二人が大学に移籍した結果、長期留学制度は廃止されたが、二ダース以上の海外の協力研究機関への短期・中期研修制度は継続された。

たとえば、のちに専務理事になる鈴村道夫氏はパデュー大学に、後に理事待遇になる森川氏はテキサス大学で、環境問題のパイオニアである天田氏はアーヘン工科大学で、一年あまりの研究生活を送っている。

ところが、ここで想定外の大事件が起こった。東日本大震災が引き起こした、東電福島第一原発事故である。二〇一一年三月以来、東京電力は国民の厳しい指弾を受けた。また日本全国で節電運動が始まる中、電力消費量は前年度に比べて一〇％以上減った。

東京電力は、通常の会社であれば倒産状態に陥った。労働組合の仲間が言っていた豪華な保養施設やグラウンド、都心の一等地に建てられた高級社宅などを売り払っても、賠償金を支払うには十分とは言えない。さらにこれから先は、一基四〇〇〇億円に達する廃炉費用が待っている。

東京電力ほどではないとしても、関西電力も九州電力も、（たとえ原発を再稼働しても）経営が大きく好転する見込みはない。このような状況で、総売上の〇・二％の給付金は維持されるだろうか。

福島の人たちは原発事故で家も土地も失った。被害を受けたのは福島県民だけではない。国民のすべてが、程度の違いこそあれ被害を受けたのである。

例えば、私の高校時代の友人S氏は、二〇〇一年に四〇〇〇万円の退職金すべてを東電株に投入した。巷では、退職老人の安定投資先御三家は、東電、JAL、ソニーと言われていたからである。事故のお蔭でS氏は、三〇〇〇万円の損害を被った。分散投資していた私も、一〇〇〇万円以上の被害を受けた。

国民が東電によって大損害を受けたのに、その給付金で運営されている電力中研が全く無傷でいられるはずがない。実際、事故後まもなく東電からの給付金が打ち切られたため、二〇一五年度の予算はピーク時に比べて四分の一減の二六〇億円になった。

研究員数こそ減ってはいないものの、不要不急のプロジェクトはカットされ、喜多見にある五〇〇〇坪の土地が売りに出された。喜多見の施設はすべて横須賀に移転するという噂もある。

これから先電力自由化が進めば、九電力のシェアは減少する。安倍政権が目指す高度経済成長が実現すればともかく、今後も給付金の減少傾向が続くだろう。

ところがどっこい。電力中研の二〇一七年度の予算は、二年前より一〇％以上増えて、二九六億円になった（研究員数の増減はない）。大震災前に比べれば一〇％ほど少ないが、すでに最悪期は脱したようである。

ここで思い出されるのが、かつて〝アメリカ最高の民間研究所〟という名声をほしいままにした「AT&Tベル研究所」である。AT&Tから潤沢な研究費を提供されたベル研究所は、一九五〇年代から七〇年にかけて、六人のノーベル賞受賞者を輩出した。

一九九一年に、ニュージャージー州マレーヒルにあるベル研究所を訪れた私は、入口に飾られたノーベル賞受賞者の名前を刻んだパネルに圧倒された。ところがこのときベル研究所は、かつてない苦境に陥っていた。一九八四年に実施されたAT&Tの分割によって、自ら研究費を稼がなくてはならない組織に生まれ変わったからである。

マレーヒルの瀟洒な研究所を訪れた直後に立ち寄ったホルムデルの研究所では、数百人の研究者が「ブラックボックス」という名前の巨大なビルの中で、せわしなく動きまわっていた。

スタンフォード時代の先輩であるリチャード・ストーン博士は、「ベル研究所が従前とは全く違う環境になったため、かなりの数の研究者、それも優秀な人たちが外部に流出してしまった」と嘆いていた（ストーン博士自身も、このあと間もなくベル研を去った）。

その後、ルーセント・テクノロジーズ社に売却されたベル研究所は基礎研究部門を縮小し、応用研究に活路を見出そうとした。しかし、経営陣の方針はことごとく裏目に出た。ジョン・ガートナーの『世界の技術を支配するベル研究所の興亡』（文藝春秋、二〇一三）は、AT&T分割後のベル研について紹介している。その中には、〝ベル研は落ちるところまで落ちた〟という記述があるが、独立採算研究所の経営は極めて難しいのである。

ベル研と違って電力中研は、研究費が減っても（少なくともこれまでのところ）研究員の数は減っていない。今後は国の科学技術予算など、外部研究資金を獲得して危機をしのぐ方針のようである。二〇一七年度の財務報告を見る限り、この戦略はひとまず効果を上げている。しかし、電力会社の給付金がこれ以上削減されれば、その前途は厳しいと言わざるをえない。

東電福島原発事故以後、ネット上に電力中研無用論・廃止論が散見された。東電という悪者から給付金を受けているから悪者だ、ということだろう。これに対して、電力中研を擁護する記事は見当たらなかった。そこで一つだけ無用論に反論することにしよう。

今後原子力発電が縮小・廃止されるとしても、これから先何十年にもわたって、〝廃炉作業〟という困難な仕事が待っている。この場面では、電力中研の原子力技術研究者が大きな役割を担っている。

電力中研の現状を知る友人によれば、幸いなことに、ここに勤める技術者の士気は落ちていないという。エンジニアは社会のニーズがあれば、目標に向かって勤勉に働く生き物なのである。

東大応用物理学科（計数工学科）出身の〝八人の侍〟の一人である鈴村道夫氏は、一九六七年に計算機室に採用されたあと、四〇年にわたってこの研究所に留まり、電力会社の役に立つ実務的研究で実績を挙げた。そしてこの功績を評価され、専務理事の地位に上り詰めた。

理事長は、東京電力と中部電力の天下り指定席だから、専務理事は七〇〇人の研究者を抱える大研究所の実質的ナンバーワンである。一〇〇〇人のスタッフを擁する東工大の学長に匹敵するポジションである。

五年にわたって、日本最高の民間研究所の実質的トップとして腕を揮った鈴村氏は、震災直後の二〇一一年六月に任期満了で退職した際の挨拶状に、

〝一九六七年以来、前半の約三〇年は研究者、後半の十数年は経営者の立場で、電力中研とともに過ごしてきましたが、わが国の経済が急速に成長する中で、次々と興味ある問題と取り組むことができ、実に楽しい人生を送ることができました〟。

と記しているが、これは掛け値なしの本音だろう（退職するのが一年遅かったら、この人はどのような文章を書いただろうか）。

18　エピローグ

半世紀にわたる研究生活の間に私は、「電力中央研究所」、「ウィスコンシン大学・数学研究センター（MRC）」、「国際応用システム分析研究所（IIASA）」という三つの研究所に勤めた。そこで最後に、電力中研以外の二つの研究機関のその後について記すことにしよう。

まずMRCは、私が訪れたときには、全盛期に比べてスタッフが半減していた。東西デタント政策のもとで国防予算が減らされた影響で、MRCへの給付金が削減された上に、爆破事件によるイメージダウンのせいで、いい研究者が集まりにくくなった。そして、一九七四年にロッサー教授がセンター長を解任されたあとは、徐々に坂道を下った。

スタンフォード大学OR学科の明るさに比べて、MRCが暗くギスギスした雰囲気だったのは、常夏のパロアルトと極寒のマディソンという違いのせいだけでなく、世界のトップに君臨する組織と衰退期の組織という違いのせいでもあった。

高齢化した専任スタッフを抱えるＭＲＣが採用した戦略は、優秀な短期研究員を招いて、多くの論文を書いてもらうことだった。しかし、この戦略が機能するためには、研究者にとって魅力的な環境を用意する必要がある。

ところが米国政府は、一九七〇年代はじめ以降、数学への投資をより将来性がある分野（たとえば計算機科学）にシフトさせた。またデタント（東西緊張緩和）政策の影響で、国防予算が減らされたため、軍から支給される研究資金も減った。この結果、ＭＲＣの財政状態は年々悪化した。

短期研究員枠が減少しただけでなく、若い研究者は爆破事件でイメージが悪化したＭＲＣを敬遠するようになった。私が招待されたのは、優秀なアメリカ人青年が招待を断ったからではないだろうか。

優秀な研究員が集まらなければ、研究成果は挙がらない。成果が挙がらなければ研究費を減らされる。この悪循環を繰り返す中で、かつては世界一と呼ばれたＭＲＣは、設立から三三年目の一九八七年に廃止された（なおこれとほぼ同時に、陸軍の資金でコーネル大に「応用数学研究所」が設立された）。

最後までＭＲＣに留まり、廃止とともに同じ大学の経営工学科に移籍したロビンソン教授は、九〇年代はじめに発表した回顧録の中で、最初の二〇年（ロッサー時代）が花だったという趣旨のことを述べている。

次はＩＩＡＳＡである。

一九七〇年代半ばには、システム分析研究におけるセンター・オブ・エクサレンスだったＩＩＡＳＡは、設立後わずか七年で崩壊の危機にさらされた。一九八〇年秋に行われた米国の大統領選挙で、対ソ強硬路線のロナルド・レーガン（かつてのカリフォルニア州知事リーガン）が大勝利を収めたためである。

レーガン大統領は就任早々、〝悪の帝国〟ソ連を締め上げる政策を発表した。軍事予算の大拡充。宇宙基地からレーザー光線を発射して、ソ連が打ち上げた核兵器を発射直後に撃墜する「スターウォーズ計画」などなど。

この影響がＩＩＡＳＡに及ばないはずがない。アメリカ政府はこの年の暮れに、財政支援の打ち切りを決定した。レーガンの盟友であるサッチャーのイギリスと、財政危機のイタリアとカナダがこれに続いた。

ここで立ち上がったのが、ライファ、クープマンス両教授をはじめとする、ＩＩＡＳＡシンパの研究者集団である。彼らの努力によって、ＮＳＦ（全米科学財団）が分担金の一部を負担することになったものの、政府の後楯を失った研究所の権威は著しく低下してしまった。アメリカ、イギリス、カナダ、イタリアの代わりに、ノルウェー、スウェーデン、フィンランドの北欧三国が加わった。もともと、付き合い程度で済ませようと思っていた日本政府は、アメリカ政府が手を引いた時点で、支援を打ち切ってもおかしくなかったはずである。これを防いだのは、環境問題の専門家たちである。

ＩＩＡＳＡが発足した七〇年代はじめ、日本各地で公害が大きな問題になっていた。政府は一九七四年に筑波に「国立公害研究所」（後の「国立環境研究所」）を設立し、この問題に対する本格的取り組みを開始した。

その後、環境問題は次第に重要度を高め、八〇年代半ばになると国家プロジェクトとして位置づけられた。この当時のＩＩＡＳＡの最重要研究課題は、エネルギー問題から環境問題にシフトしていた。年に二〇万ドル程度の負担金は、通産省にして見ればはした金である。かくして、日本政府はＩＩＡＳＡ支援を継続したのである。

一九八二年に、米国政府がＩＩＡＳＡから脱退したことを知ったとき、私は〝来るべきものが来た〟と思っただけである。レーガン大統領が君臨するアメリカでは、国民の八割が〝悪の帝国・ソ連に協力するのは非国民だ〟と考えていることを知っていたからである。

財政状態が悪化したＩＩＡＳＡは、研究員の給与を減らした。当初の給与水準は、アメリカの一流大学並みだったが、それを下回るようになったのである。また米ソ関係が悪化したため、ソ連圏に近いウィーンの観光地としての魅力も薄れた。

そのまた一〇年後の一九九四年、私はハーバード大学に戻ったライファ教授が、ＩＩＡＳＡ設立二〇周年を記念して行った講演の記録を読む機会があった。

はじめて知る米ソ両国の壮絶な確執。ＩＩＡＳＡ誘致を巡るパリとウィーンの争い。度重なる説得に応じなかった日本政府の、最後の瞬間の翻意。各国委員会と本部の間で繰り返された人事権争い、などなど。ライファ教授は、これらの問題をクリアするために二万五〇〇〇時間を投入したという。

記念講演を締めくくったのは、次の一言である。

「研究所の成否は人事にかかっている。この件に関して言えば、在任期間中に行ったどの一人についても、私の眼に狂いはなかった」

自信を持ってこう断言できるライファ教授は、幸せ者である。いい人を集めても、必ずしもいい成果が出るとは限らない。しかし、いい人を集めなければいい成果は出ない。ライファ所長が言うように、設立当時のＩＩＡＳＡには選り抜きの人材が集まったのである。

研究者集団から尊敬されていたライファ教授は、ダンツィク教授、クープマンス教授、ヘッフェレ教授など超一流の研究者を連れてくることに成功した。超一流の研究者は、一流の研究者を連れてきた。また一流の研究者に惹かれて、多くの優秀な研究者がこの研究所を訪れた。

一方、ライファ教授が退任したあと、ランド・コーポレーションから招かれたロジャー・レビーン所長は、ハーバード出身のwhizkids（神童）の一人で、政府や官界では高い評価を得ていたが、システム分析研究者コミュニティでは無名の存在だった。このため、かつてのように超一流の研究者は集まりにくくなった。

ライファ教授が二〇周年記念講演を行った一九九四年当時、ＩＩＡＳＡは設立後最大の危機を迎えていた。一九八九年に起こった、ルーマニアのチャウシェスク失脚と東西ドイツの統一に始まり、九一年のソ連崩壊とユーゴスラビア内戦、バルト三国の独立。そして九三年のチェコとスロバキアの分離独立。二〇年の間に、ヨーロッパの地図は完全に書き換えられてしまった。

発足当時の東側八カ国の中で、そのままの形で存続しているのは、ハンガリー、ポーランド、ブルガリアの三カ国だけである。あの大混乱の中で、東欧諸国がそれまでどおりの支援を続けることができなかったとしても仕方がない。

ＩＩＡＳＡの研究者の大半は短期滞在者だから、二〇年経っても老齢化は起こらなかった。しかし、有力諸国の脱退によってステータスが低下したため、ひところのような人材は集まらなくなった。さらに言えば、東隣のルーマニアでは革命が、南隣のユーゴスラビアでは内戦が、そして北隣のチェコスロバキアでは分離独立運動が起こっているウィーンで働きたいと考える一流研究者は激減した（一流研究者には、あちこちの一流研究機関から声がかかる）。

二〇一七年現在、IIASAの主要研究テーマは、エネルギーと気候変動、水と食料、貧困と公平性の三つで、フルタイムの研究者は約二〇〇人、予算規模は二二五〇万ユーロ（約二八億円）である。

加盟国は、旧西側グループがアメリカ、イギリス、北欧三カ国、日本、ドイツ、オランダの八カ国と、旧東側がロシア、ウクライナの二カ国（ただしアメリカの場合は、国としてではなく、「全米科学財団」が資金援助を行っている）。

このほかに、オーストリア、オーストラリア、ブラジル、中国、エジプト、イラン、インド、インドネシア、マレーシア、メキシコ、パキスタン、韓国、南アフリカを加えた、計二三カ国である。

かつてのG7がG20に発展したようなものだ、という見方もあるが、途上国と先進国の間の利害を調整するのは至難の業である。

あとがき

満七〇歳で中央大学理工学部を退職して以来、私は〝工学部ヒラノ教授〟を名乗って、筑波大学、東京工業大学、中央大学の理工系学部の物語を書き続けてきた。

毎年二冊のペースで書いたので、書くべきことはほとんど書き尽くした。また二〇一八年はじめに出した『工学部ヒラノ教授の終活大作戦』では、〝今後はフィクションを書くつもりだ〟と宣言したので、大方の読者は、ノンフィクションはこれで打ち止めだと思われたようだ。

ところが私には、書き残しておくべきもう一つの仕事が残っていた。それがこの本のテーマである、「電力中央研究所」という日本初の民間シンクタンクのことである。

中学・高校時代に〝アルカディア（理想郷）〟で過ごした私は、大学では難民のような生活を送った。低空飛行で修士課程を終えて就職した電力中央研究所は、難民にとっての〝楽園〟だった。

九年間にわたってお世話になった（うち一年は休職）にもかかわらず、研究所の役に立つ仕事は何一つできなかった。

電力中央研究所を辞めた私は、「国際応用システム研究所」で一年間の〝天国〟生活を送った。ところがそれからあと七年間、筑波大学で〝煉獄〟の苦しみを味わった。まさに因果応報である。

煉獄生活に耐えることができたのは、ウィスコンシン大学の「数学研究センター」で、一年間の〝地獄〟生活を経験したからである。地獄の悲惨さは煉獄の一〇〇倍以上だった。

今になって振り返ると、その後の私が東工大と中央大で幸運に恵まれたのは、アメリカ留学時代に、自分が好きな勉強に一万二〇〇〇時間を費やすことができたからである。もし留学の機会が与えられなければ、三流研究者として定年を迎えていただろう。またもし博士号が取れなければ、東工大という一流大学の教授ポストが降ってくることはなかっただろう。

そして、東電福島第一原発事故以後、自分のキャリアのすべてを否定された私は、惨めな晩年を迎えていたに違いない。そうならずに済んだのは、アメリカに送り出し、博士号を取るチャンスと、多彩な研究者と切磋琢磨する機会を与えてくださった電力中研と清水所長のおかげである。

電力中研は今もなお、〝臨界水準〟を上回る優秀な研究者を擁している。また将来に対する明確な展望を持っている。私はこの研究所が、現在の危機を乗り超えて、これから先も日本をリードするシンクタンクであり続けることを願っている。

なおこの本の登場人物の中で、御存命の方については原則的に仮名を、そして物故された方は実名を用いた。

本書の出版にあたっては、青土社の菱沼達也氏と瑞田卓翔氏に大変お世話になった。厚くお礼申し上げる次第である。

二〇一八年五月

今野　浩

著者　今野浩（こんの・ひろし）
1940年生まれ。専門はORと金融工学。東京大学工学部卒業、スタンフォード大学OR学科博士課程修了。Ph.D., 工学博士。筑波大学助教授、東京工業大学教授、中央大学教授、日本OR学会会長を歴任。著書に『工学部ヒラノ教授』、『工学部ヒラノ教授の事件ファイル』、『工学部ヒラノ教授のアメリカ武者修行』（以上、新潮社）、『工学部ヒラノ助教授の敗戦』、『工学部ヒラノ教授と七人の天才』、『工学部ヒラノ名誉教授の告白』、『工学部ヒラノ教授の青春』、『工学部ヒラノ教授と昭和のスーパー・エンジニア』、『工学部ヒラノ教授の介護日誌』、『工学部ヒラノ教授とおもいでの弁当箱』、『工学部ヒラノ教授の中央大学奮戦記』、『工学部ヒラノ教授のはじまりの場所』、『工学部ヒラノ教授の終活大作戦』（以上、青土社）、『ヒラノ教授の線形計画法物語』（岩波書店）など。

工学部ヒラノ教授の研究所わたりある記

2018年8月 1 日　第1刷印刷
2018年8月15日　第1刷発行

著者――今野浩

発行人――清水一人
発行所――青土社
〒101-0051　東京都千代田区神田神保町1-29　市瀬ビル
［電話］03-3291-9831（編集）　03-3294-7829（営業）
［振替］00190-7-192955

印刷・製本――シナノ印刷

装幀――クラフト・エヴィング商會

ISBN978-4-7917-7089-2　C0095